mandelbaum *verlag*

Haggis, Whisky & Co.

Mit Robert Burns
durch die schottische Küche

Dieter Berdel
Simon Drabosenig
Jasmin Haider
Karl Menrad

mandelbaum *verlag*

www.mandelbaum.at • www.mandelbaum.de

ISBN 978-3-85476-982-8

3. überarbeitete Auflage 2021

Umschlaggestaltung und Satz: Michael Baiculescu
Umschlagabbildung: Linda Wolfsgruber
Umschlagmuster: Kärnten Karo, Modehaus Rettl
Druck: Interpress, Budapest

INHALT

Vorwort 7

Schottlands Getränke und Speisen 10
Frische und Hochprozentiges 10
Whisky – Wasser des Lebens 12
Schottisches Bier 15
Fleisch, Wild und Geflügel 16
Fische und Meeresfrüchte 18
Käse 21
Beeren und Pilze 24
Gemüse und Kartoffeln 25
Mehlsorten 26

»Gebor'n in Kyle am Rand der Welt …« 28
Bill o' Fare *O my Luve's like a red, red rose* –
Das Menü für Verliebte 35

»Mein Vater war Bauer …« 39
Bill o' Fare *The smiling Spring comes in rejoicing* –
Das Frühlings-Menü 45

»Dreimal täglich Haferbrei …« 49
Bill o' Fare *Ne'er scorn a poor Poet like me* –
Das Menü des armen Dichters 55

»Jeder der aufwuchs mit Gerstenbrot …« 59
Bill o' Fare *Modern Burns Supper* –
Das moderne Burns-Menü 67

»Sei's Wassersuppe oder Kohl …« 71
Bill o' Fare *On a bank of flowers, in a summer day* –
Das Sommer-Menü 77

»Wie im Hochland einen Empfang …« 81
Bill o' Fare *Farewell to the Highlands* –
Das Highlander-Menü 87

»Mit einem Lord zu speisen …« 91
Bill o' Fare *For Auld Lang Syne* –
Das Festtagsmenü 97

»Oh, dort wachsen Limonen, Orangen …« 102
Bill o' Fare *On A Scotch Bard, Gone to the West Indies* –
Das Karibik-Menü 107

»Was wär' ich ohne mein Lämmchen …« 111
Bill o' Fare *Bring Autumn's pleasant weather* –
Das Herbst-Menü 117

»Stiehlst in Carlisle eine Kuh …« 121
Bill o' Fare *O' coming Winter's biting, frosty breath* –
Das Winter-Menü 129

»Auf der Jagd nach dem Hirsch …« 134
Bill o' Fare *Chasing the wild-deer* –
Das Wild-Menü 139

»Das Moorhuhn verkriecht sich …« 143
Bill o' Fare *The Bonnie Moor-hen* –
Das Moorhuhn-Menü 149

»Schau, wie die Forellen glänzen …« 153
Bill o' Fare *Musing on the roaring ocean* –
Das Fisch-Menü 159

»Mit Whisky pfeifen wir auf den Teufel …« 163
Bill o' Fare *John Barleycorn* –
Das Whisky-Menü 177

»Serviert uns Haggis!« 181
Bill o' Fare *The Burns Supper* –
Das Robert-Burns-Menü 193

Der kulinarische Epilog 200
Bill o' Fare *Carinthia meets Caledonia* –
Kärntnerisch-schottisches Freundschaftsmenü 203

Anhang 208
Literaturverzeichnis 209
Die HerausgeberInnen 211
Rezeptverzeichnis 212

VORWORT

Einer hat Essen und ist überfressen,
Ein and'rer hat nie was im Magen:
Wir aber essen hier Delikatessen,
Vergelt's Gott, müssen wir sagen.

Robert Burns, 1759–1796

Was hat das Fiakergulasch, ein »Schmankerl« der Wiener Gastronomie, mit Schottland zu tun? Auf den ersten Blick nichts, wie auch der Fiaker, die typische Wiener Pferdekutsche selbst. Ein Blick in die Vergangenheit zeigt jedoch eine Verbindung: Beide leiten ihre Bezeichnung von einem schottischen Königssohn und Mönch, dem Heiligen Fiacrius, ab. Auch das Schottenstift und das Schottengymnasium, die Schottenbastei, der Schottenring und die Schottenfeldgasse in Wien sind Spuren, die irisch-schottische Mönche in der Donaumetropole hinterlassen haben. Dass dieses Buch zur schottischen Küche in Wien geschrieben wurde, hat allerdings einen anderen Grund: Wir, die Verfasser, beschäftigen uns seit geraumer Zeit mit Leben und Werk des schottischen Nationaldichters Robert Burns. Er hat in seinem kurzen, bewegten Leben in unzähligen Gedichten, Balladen und Liedtexten die Situation seiner Landsleute im 18. Jahrhundert beschrieben und mit seiner volksnahen Dichtung im *Scottish Dialect* wesentlich zur Identität der schottischen Nation beigetragen. So haben wir begonnen der Frage nachzugehen, was auf dem Speisezettel des Poeten gestanden haben könnte und welche Bewandtnis es mit der sprichwörtlichen Sparsamkeit und gleichzeitigen Gastfreundschaft der Schotten auf sich hat. Auf diese Weise ist Robert Burns Ideengeber und mit einer Auswahl seiner Texte im schottischen Original und in deutschsprachiger Nachdichtung auch Reisebegleiter durch dieses Buch.

Wie Robert Burns, der Kleinbauer war, litten viele Schotten unter der Herrschaft aufkommender Großgrundbesitzer und unter ruinösen Missernten. Haferbrei, Brot oder Kekse, ab und zu Butter und Käse, oft Kohl, Rüben, Kartoffeln, Wildfrüchte und Pilze, an Festtagen eine magere Fleischbrühe oder ein Schafskopf, mehr kam nicht auf den Tisch. Aber kein Fremder ging unbewirtet vorüber, selbst wenn der Hunger zu

Gast war. Im Gegensatz dazu stand den wohlhabenden Schichten eine andere Auswahl an Lebensmitteln zur Verfügung: Geflügel und Rotwild, Lamm- und Rindfleisch, Lachs und Austern, Süßspeisen aller Art, exotische Früchte und Gewürze sowie französische Weine.

Der Dichter war zeit seines Lebens ein Hungerpoet, aber in mancher Hinsicht kein Kostverächter. So wird zu seinen Ehren jährlich am 25. Januar weltweit sein Geburtstag mit einer *Burns Night* bzw. einem *Burns Supper* zelebriert, seit vielen Jahren auch in Wien. Bei solch einem Fest mit traditionellem Kilt und mit Dudelsackmusik wird kräftig zugelangt. Zu den kulinarischen Höhepunkten zählt dabei die schottische Nationalspeise *Haggis*, ein mit Innereien gefüllter Schafsmagen. Zugegeben, nicht für jeden Magen geeignet, doch auf der *Bill o' Fare*, der Speisekarte, gibt es zumeist genügend schmackhafte Alternativen. Um alles verdauen zu können, wird ausreichend schottischer Whisky, das »Wasser des Lebens«, konsumiert. Zugleich werden Kostproben aus dem Werk des Poeten vorgetragen.

Schottland ist der Geburtsort Hunderttausender der Not und dem Hunger entflohener und in alle Erdteile ausgewanderter Menschen. Aus Schottland stammen jedoch auch die McDonalds, die Campbells und die Kelloggs. Dennoch hat dieses Land viel mehr an Tafelfreuden zu bieten als nur Haferbrei oder *Fast Food*. Dem Essen der Armen und Reichen vergangener Zeiten werden in diesem Buch daher Menüs mit Rezepten aus der heutigen schottischen Küche gegenübergestellt. Schottischer Lachs und Fleisch vom Hochlandrind, um nur zwei Beispiele zu nennen, zählen gemeinsam mit einem Glas Single Malt Whisky auch in unseren Breiten längst zu beliebten kulinarischen Genüssen.

Die Grundlage für die Rezepte in diesem Buch liefern die sogenannten Klassiker. Dazu zählen Haggis, Fisch- und Wildgerichte. Wir erlauben uns, diese in Variationen abzuwandeln oder mit einzelnen Zutaten nach unserem Geschmack zu verfeinern. Darüber hinaus ergänzen wir unsere persönlichen Favoriten und wagen uns an neue Geschmackserlebnisse heran.

Die Mengenangaben in den Rezepten sind für vier Portionen gedacht, wenn nicht anders angegeben. Zum Hauptgang empfehlen wir jeweils einen schottischen Whisky als Begleitung. Die Bezugsquellen, die an verschiedenen Stellen im Buch angegeben sind, bieten in den meisten Fällen auch Bestellmöglichkeiten im Internet für Deutschland, Österreich und die Schweiz.

Wir würden uns freuen, wenn wir Sie gemeinsam mit Robert Burns dazu animieren können, das eine oder andere Rezept nachzukochen bzw. eigene Varianten zu kreieren. Vielleicht gelingt es uns damit auch, bestehende Vorbehalte gegenüber der schottischen Küche auszuräumen.

Wir wünschen Ihnen ein herzliches *Sláinte mhath* (gäl. Aussprache: slahn-che wa), was so viel heißt wie Prost, zum Wohl, Gesundheit oder guten Appetit!

Dieter Berdel, Simon Drabosenig,
Jasmin Haider, Karl Menrad

SCHOTTLANDS GETRÄNKE UND SPEISEN: FRISCHE UND HOCHPROZENTIGES

Schottlands Landschaft ist spektakulär. Dramatische Strände und malerische Landschaften in den Highlands und den umliegenden Inseln, rasch emporsteigende Berge und Hügel *(munros)* sowie langgezogene Seen *(lochs)* und ein Wetter, das durch seinen schnellen Wechsel von Regen und Sonnenschein dem menschlichen Gemüt nicht unähnlich ist. Diese Intensität der Landschaft hat die Mentalität der Schotten geprägt. Ähnliches spiegelt auch die schottische Speisekarte wider.

Die traditionelle schottische Küche liebt die einfachen und nahrhaften Gerichte. Sie bietet aber weit mehr als nur Haggis und Whisky, auch wenn diese beiden Erzeugnisse die bekanntesten sind. Auf der Liste der regionalen schottischen Produkte steht eine Vielzahl an frischen Lebensmitteln: fangfrische Fische und Meeresfrüchte wie Lachs oder Austern sind ebenso berühmt und beliebt wie das Aberdeen Angus-Rind oder das Highland Cattle. Neben dem hochwertigen Fleisch der Rinder werden aber auch beachtliche Käseprodukte angeboten. Auf dem Speisezettel der Jäger stehen unter anderem das Moorhuhn, Hirsch und wilde Hasen. Und nicht zu vergessen ein Tier, welches unmittelbar mit dem Landschaftsbild der schottischen Highlands in Zusammenhang zu bringen ist: das Schaf. Ungefähr 50 Millionen davon werden in Schottland gehalten.

Abgesehen von Tieren und tierischen Produkten liefert die schottische Erde eine Vielzahl an vitaminreichen und köstlichen Erträgen: Kohl, Hafer, Gerste und Kartoffeln, um nur einige davon zu nennen.

Frische und Spitzenqualität der Lebensmittel haben die Schotten mittlerweile selbstbewusst genug gemacht, um die traditionellen schottischen Gerichte in ihren Restaurants anzubieten. Auch an den schottischen Herden zu Hause kocht man regional inspiriert und kombiniert traditionelle und internationale Lebensmittel. Dabei spielen Aspekte wie die Nachhaltigkeit beim Fischfang, die Bioproduktion der Gemüse und die regionale Herkunft eine zunehmend große Rolle. Kein Wunder also, dass die Slow-Food-Bewegung bereits in einigen Restaurants in den Lowlands und Highlands Einzug gehalten hat.

Bezugsquellen:

All about Scottish food and drinks – www.scotlandfoodanddrink.org
Scottish Food Guide – www.scottishfoodguide.com
The Taste of Scotland – www.taste-of-scotland.com
Bobby's Foodstore – www.bobbys.at
The British Shop - www.the-british-shop.at

WHISKY – WASSER DES LEBENS

Schottischer Whisky oder Scotch ist von allen Whiskys der komplexeste, zweideutig in seinem Geschmack aus Süße und Trockenheit. Die Süße stammt von gemälzter Gerste (diese wird vor dem Vermahlen zum Keimen gebracht und dann getrocknet, um den Keimprozess zum Stillstand zu bringen), welche in der schottischen Tradition der wichtigste Bestandteil ist. Die Trockenheit stammt vom Torf, mit dem die Schotten meist ihr Malz räuchern. So verbinden sich Trockenheit, Rauch-, Torf- und andere Geschmackstöne zu den weltbesten Whiskysorten.

Die anderen Geschmacksnuancen stammen von der Heide, den Mooren, dem Wasser, der klaren Bergluft der Highlands und den Meeresbrisen der Inseln, welche die Moore und die Luft in den Lagerhäusern, wo der Whisky reift, salzig anhauchen.

Scotch Whisky hat seinen einzigartigen Charakter zum Teil auch von der Reifung in Sherry- oder alten Portweinfässern. Diese und andere Elemente tragen zur Komplexität des Scotchs bei.

Schottlands klassische Whiskys sind die puren, die Single Malts, die in den meisten Fällen schlicht nach der Brennerei benannt sind, aus der sie kommen. Nach dem britischen Steuergesetz darf nur in Schottland hergestellter Whisky als Scotch bezeichnet werden und muss mindestens drei Jahre lang gelagert werden.

Malt Whisky

Dies ist die ursprüngliche Form des Whiskys. Er besteht aus reiner Gerste, die man zum Keimen bringt. Dadurch entsteht Grünmalz. Er ist daher ein Straight Whisky, ein unverschnittener Whisky. Der Malt Whisky wird im Pot-Still-Verfahren durch zweimalige Destillation hergestellt. Danach wird er mindestens drei Jahre in Eichenfässern oder alten Sherry- bzw. Portweinfässern gelagert.

Grain Whisky

Grain Whisky wird aus ungemälztem Getreide im Coffey-Still- oder Patent-Still-Verfahren für Blended Whiskys hergestellt. Grain Whisky oder Corn Whisky ist leichter im Geschmack als Malt Whisky. Die Grain Whisky erzeugenden Brennereien liegen mit Ausnahme von Invergordon in den Lowlands. Weitere bekannte Destillerien sind Caledonian, Girvan, Port Dundas und Strathclyde.

Schottlands Whiskyregionen

Schottland teilt man historisch in vier allgemein anerkannte klassische Whiskyregionen ein: die Lowlands, Campbeltown, Islands und die Highlands. Die Highlands werden wiederum in Unterregionen eingeteilt: in Westen, Norden, Speyside, Osten und die Midlands.

Highland Malt

Highland Malt ist ein Sammelbegriff für alle Produkte, die nördlich der Trennlinie von Greenrock im Westen und Dundee im Osten Schottlands hergestellt werden. Die Highlands sind das größte Herstellungsgebiet in Schottland. Die westlichen Brennereien zeichnen sich, was ihre Erzeugnisse wie z.B. Ben Nevis oder Oban betrifft, durch einen trockenen Abgang mit einem Hauch von Torfigkeit aus, wohingegen die östlichen Brennereien wie Glen Deveron, North Port oder Royal Lochnagar eher eine fruchtige Note haben. Die Produkte der nördlichen Brennereien besitzen einen Gewürz-Ton bzw. weisen einen Heidekraut-Touch auf, etwa Dalwhinnie, Glen Mhor, Glenmorangie oder Tomatin. Die Kernzone der Highlands ist Speyside, wo sich auch die meisten Brennereien befinden. Diese Whiskys zeigen das am feinsten ausgeprägte Aroma aller Malt Whiskys. Ihr Geschmack reicht von torfig bis zu Sherry- und Seetang-Tönen, von malziger Süße bis zu fruchtigen Noten. Bekannte Speyside-Whiskys sind unter anderem Balvenie, Cardhu, Cragganmore, Glenfarclas, Glenfiddich, Glen Grant, Glenlivet, Macallan oder Strathisla.

Lowland Malt

Der Lowland Malt hat einen leichteren, nicht torfigen, eher milden, runden und ausgeglichenen Geschmack. Er wird daher oft mit Grain Whisky zu Blended Scotch Whisky verschnitten. Bekannte Lowland Malts sind Auchentoshan, Bladnoch, Glenkinchie, Littlemill und Rosebank.

Island Malt

Diese Whiskys werden auf den Inseln Skye, Mull, Orkney, Jura und Islay hergestellt. Der Whisky von der Insel Islay gilt als einer der stärksten Malt Whiskys. Auf Islay finden sich bekannte Brennereien wie Caol Ila, Ardbeg, Bowmore, Lagavulin oder auch Laphroaig. Die Produkte der Island Malts zeigen deutlich torfigen, phenolischen und jodartigen Charakter und sind unverwechselbar, wie etwa Talisker oder Highland Park.

Campbeltown Malt

Er stammt von der Halbinsel Kintyre, wo es zwei bekannte Destillerien gibt, die weiche milde Highland Malt Whiskys herstellen. Die Produkte zeigen zum Teil süß-salzigen Abgang, zum anderen aber auch leicht torfigen und deutlich salzigen Nachtrunk wie Glen Scotia, Longrow oder Springbank.

Über die Grenzen von Schottland hinaus

Die Definition, was nun einen Whisky ausmacht, hat nicht nur die *Scotch Malt Whisky Society* festgelegt, sondern sie ist auch im EU-Recht verankert. Eine Spirituose darf nur dann als Whisky bezeichnet werden, wenn es sich um einen Getreidebrand mit Malzanteil handelt, der mindestens 40 % Vol. Alkohol hat und mindestens drei Jahre im Holzfass gelagert ist. Nach diesem »Grundrezept« wird heute weltweit in über 100 Ländern Whisky produziert, unter anderem auch in Österreich.

Die erste österreichische Whiskydestillerie steht im Waldviertel in Niederösterreich und ist einer von über 40 Betrieben, die hierzulande Whisky produzieren. Seit 1995 wird in der Destillerie J. Haider Whisky aus Roggen- und Gerstenmalz hergestellt, der mehrfach international ausgezeichnet wurde. Waldviertler Whisky J.H. – so der Name des ersten heimischen Whiskys – ist eine individuelle Kreation und eine eigene Marke. Die Schotten waren dabei Vorbild, aber nicht Vorlage. Der Whisky hat seinen eigenen Charakter und überzeugt geschmacklich mit zarten Vanillenoten, Nougataromen oder kräftigen Kaffee-Karamelltönen. 2012 haben sich 14 namhafte Whiskymanufakturen zur Austrian Whisky Association (www.austrian-whisky.at) zusammengeschlossen.

In Deutschland wird seit rund 20 Jahren Whisky destilliert. Mittlerweile verteilen sich über 41 abfüllende Brennereien auf das ganze Land. Als Stammvater deutscher Single Malts gilt Robert Fleischmann mit seiner Destillerie »Blaue Maus«. Er destilliert seinen Whisky nach schottischem Vorbild und lässt ihn sechs bis acht Jahre reifen. Das Ergebnis ist ein samtiges, weiches Destillat mit fruchtigen Noten von Rosine und Orange, aber auch mit einer gewissen Würzigkeit.

Bezugsquellen:

Destillerie J. Haider (1. Österreichische Whiskydestillerie) – www.whiskyerlebniswelt.at
Potstill – Austria's finest Whisky Store – www.potstill.org
Whisky.de Treffpunkt feiner Geister - www.whisky.de
Dr. Bottle – www.drbottle.at
Cadenhead's Berlin - www.cadenheads-whisky-shop-berlin.de
Cadenhead's Wien - www.cadenhead-vienna.at
Weisshaus Shop - www.weisshaus.at

SCHOTTISCHES BIER

Brauereien in Schottland werden heute von internationalen Großkonzernen dominiert. In den letzten Jahren gab es erfreulicherweise eine Wiederbelebung der Produktion durch kleine regionale Brauereien, die mit traditionellen Methoden Bier herstellen. Die Brauerei auf der Insel Arran sowie die Belhaven Brewery brauen zudem ein Robert Burns Ale. Schottisches Bier wird mit gemälzter Gerste, Hopfen, Hefe und reinem Wasser gebraut. Früher wurde auch nach der India-Pale-Ale-Methode gebraut, die das Bier länger haltbar machte, um auch die Kolonien damit beliefern zu können. Nach einer aus dem 19. Jahrhundert stammenden Kategorisierung galt für schottisches Bier: je stärker das Bier, desto teurer. Man unterteilt heute in folgende Biersorten: *Light* hat unter 3,5 %, *Heavy* zwischen 3,5 und 4 %, *Export* zwischen 4 und 5,5 % und *Wee Heavy* über 6 % Vol. Alkohol.

Bezugsquellen:

Isle of Arran Brewery – www.arranbrewery.co.uk
Belhaven Brewery – www.belhaven.co.uk
Caledonian Brewery – www.caledonianbeer.com
Traquair House Brewery – www.traquair.co.uk/brewery
Isle of Skye Brewing Company – www.skyeale.com
Biererei Wien – www.biererei.at

FLEISCH, WILD UND GEFLÜGEL

Schottisches Rindfleisch bürgt für hohe Qualität, exzellenten Geschmack und garantiert regionale Herkunft. Fleisch kommt in Schottland nahezu täglich auf den Tisch, am liebsten in der Form von Roastbeef und Entrecôte Steaks. Das Fleisch stammt unter anderem von den Rinderrassen Galloway, Highland Cattle (Hochlandrind) und Aberdeen Angus, allesamt sehr widerstandsfähige und dem schottischen Wetter trotzende Tiere. Galloway und Aberdeen Angus sind seit jeher für saftiges, besonders schmackhaftes, gut marmoriertes, zartes Rindfleisch bekannt, darüber hinaus hat das Fleisch einen sehr hohen Anteil an Omega-3-Fettsäuren. Schottische Metzger lassen in der Regel nichts von den Tieren übrig, alles wird verwertet: Neben dem Fleisch werden Würste und Blutwurst (Black Pudding) hergestellt. Der Black Pudding stellt ein essenzielles schottisches Nahrungsmittel dar, es wird bereits zum Frühstück gegessen, kann aber auch in Sandwiches gereicht werden.

Schweinefleisch war in Schottland lange Zeit verpönt. Zu Beginn des 18. Jahrhunderts war es so verrufen, dass angeblich der bloße Anblick Unglück brachte. So wurde es lange Zeit höchstens für den Frühstücksspeck oder für Pies verwendet. Heute werden alte Schweinerassen wieder gezüchtet, so zum Beispiel die Ballencrieff- oder Milton-of-Kilvarock-Schweine. Sie wachsen auf natürliche Art und Weise in Freilandhaltung auf und werden mit Bio-Futter ernährt. Die Produkte daraus werden auf Bauernmärkten verkauft, etwa auf dem *Edinburgh Farmers' Market.*

Hammel- und Lammfleisch ist seit Hunderten von Jahren nicht aus der schottischen Küche wegzudenken. Schafe werden zwar hauptsächlich für die Milch- und Wolleproduktion verwendet, dennoch wird auch ihr Fleisch genutzt – und wenn, dann wiederum das ganze Tier, wie es eben Tradition ist in der kargen schottischen Landschaft. Daraus ergeben sich auch die Zutaten für den berühmten Haggis: Man braucht dazu den Schafsmagen, die Lunge, das Herz und die Leber.

Schottisches Wild, allen voran das Hirschfleisch, zählt qualitativ zur Weltspitze und zu den Höhepunkten der schottischen Küche. Gutes Wildfleisch muss einige Zeit abhängen, die Dauer richtet sich nach Größe und Art des Fleisches. Die beste Zubereitung gelingt mit Zutaten aus der natürlichen Umgebung der Tiere, wilder Thymian etwa zu Hasen oder Vogelbeeren(-konfitüre) zu Moorhuhn.

Rotwild, also Rehe und Hirsche, ist in den Bergen der Highlands häufig anzutreffen. Hirschfleisch hat einen vollen Geschmack und gilt aufgrund des geringen Cholesteringehalts als äußerst gesund. Es kann kurz gebraten, aber auch als Carpaccio zubereitet werden. Rotwild aus Zuchtgehegen ist natürlich billiger als freilebende Tiere. Das Fleisch der Zuchttiere ist aber ebenso zart, nur hat es weniger »Wildgeschmack«.

Wildschweine haben im Gegensatz zu Hausschweinen ein saftiges dunkelrotes Fleisch mit würzigem Wildgeschmack. Dieser wird mit zunehmendem Alter intensiver. Das Fleisch der Tiere ist mager und kernig. Es wird frisch verkauft oder zu Speck und Würsten verarbeitet. Von Kennern wird es als Braten oder Schmorbraten geschätzt, ist aber ebenso zum kurzen Anbraten oder Grillen geeignet.

Am häufigsten vor die Flinte geraten dem schottischen Jäger Feldhasen und Wildkaninchen. Das aromatische Fleisch muss sieben bis zehn Tage abhängen, erst dann wird es weiterverarbeitet, das Hasenblut wird für dunkle Saucen verwendet. Das Fleisch des Wildkaninchens schmeckt jung am besten und ist kräftiger im Geschmack als der Hase. Beim Braten sollte es mit viel Flüssigkeit übergossen werden, damit es nicht trocken wird. Dagegen hilft auch, es mit Speck zu umwickeln.

Zum Federwild zählen in Schottland Wildenten und Gänse, Fasane, Moor- sowie Rebhühner. Das schottische Moorhuhn oder auch Moorschneehuhn hat dunkles, würziges rotbraunes Fleisch. Es kann im Ganzen gebraten oder geschmort werden. Die Wildente hat einen kräftigen Geschmack und ist nicht so fett wie die Hausente, daher sollte beim Braten ausreichend Fett oder Öl hinzugefügt werden. Schottische Wildenten leben in Meeresnähe, ihr Fleisch hat mitunter eine leicht salzige Note. Fasane werden in den Monaten November und Dezember gejagt, vor allem jüngeres Fleisch ist aufgrund seiner Zartheit beliebt. Die Zubereitung ist ähnlich der des Feldhasen, besonders delikat schmecken Fasane, wenn sie mit Äpfeln gefüllt werden. Sehr groß sind die Tiere nicht: Ein Fasan kann von zwei Essern ohne Weiteres verspeist werden.

Bezugsquellen:

Boafarm Austria – www.beefcattle.at/de/termine
Hofmanufaktur Aberdeen Angus Beef – www.hofmanufaktur.at
Campbells – Scotland's finest butcher – www.campbellsmeat.com
Donald Russell – www.donaldrussell.com
Rannoch Smokery – www.taymouthcourtyard.com

FISCHE UND MEERESFRÜCHTE

Der Fischfang spielt in Schottland nach wie vor eine bedeutende Rolle. Er hat sich seit dem Mittelalter entlang der Küste und auf den Inseln entwickelt. Zu Beginn des 18. Jahrhunderts exportierte man Fische von Aberdeen aus nach Deutschland, Holland, Spanien und Portugal. Voraussetzung dafür waren Methoden zur Haltbarmachung der verderblichen Ware, also wurde eingesalzen, getrocknet und geräuchert – in der Zeit der langen Schiffsreisen zu neuen Kolonien und zur Entdeckung von neuen Kontinenten auch eine wirtschaftliche Notwendigkeit. Die Methoden zur Konservierung waren aber viel älter. Die Fischkonservierung wurde je nach Art der Fische durch Wind- *(blawn)* oder Sonnentrocknung *(rizzared)*, Beizen oder Räuchern erreicht. Fette Fische wie Hering und Makrele waren besonders problematisch zu lagern, und es dauerte bis zum 14. Jahrhundert, bis der niederländischer Kaufmann William Beukels einen Weg entwickelte, sie haltbar zu machen: Der frisch gefangene Fisch wurde ausgenommen, gewaschen, dicht an dicht in Fässer geschlichtet und mit grobem Salz bedeckt, um die Luft auszuschließen.

Auch beim Fisch wird, nach guter alter schottischer Küchentradition, das ganze Tier verwertet, das gilt vor allem für Kopf und Leber. Ähnlich wie beim Haggis, bei dem Schafsinnereien in Schafsmagen gefüllt werden, mischt man beim Fish-Haggis (Krappit Muggies – aus dem Norwegischen *mage*, der Magen) Fischleber mit Haferflocken, Salz und Pfeffer und füllt die Masse anschließend in den Fischmagen, den man dann kocht – für uns vielleicht etwas gewöhnungsbedürftig, aber äußerst beliebt bei den Fischern auf Shetland.

Derzeit muss Schottland, wie viele andere Küstengebiete auch, mit Problemen wie Überfischung, Artensterben, Exportquoten und Fangregulierungen fertig werden. Längst werden auch in den Highlands Fische von Fischfarmen angeboten, um die Nachfrage decken zu können. Ein sicheres Zeichen für nachhaltige Fischerei stellen Gütesiegel dar: Beim Fisch gilt das blaue MSC-Siegel (*Marine Stewardship Council Certified Sustainable Fishery*, www.msc.org).

Die Palette der schottischen Speisefische hat sich im Laufe der Zeit gewandelt. Einige Arten können nicht mehr gefangen werden, auf der anderen Seite hat die Fischzucht in Aquakulturen zu einer größeren Verfügbarkeit bisher nicht üblicher Fischarten wie etwa der Bachforelle geführt.

Lachs ist der Fisch, der am ehesten mit Schottland verbunden wird. Es gibt traditionell zwei Arten: den atlantischen Lachs aus dem Meer und den wilden Lachs aus den Flüssen. Darüber hinaus wird nun Zuchtlachs verschiedener Qualitäten angeboten. Die Lachsarten unterscheiden sich in Geschmack und Farben, der schottische Wildlachs gilt als der Feinste von allen.

Hering gibt es reichlich in den schottischen Fischfanggebieten, und er ist günstig. Die »silbernen Lieblinge« *(silver darlings)*, wie sie genannt werden, kommen in der schottischen See in riesigen Schwärmen vor. Sie stehen in puncto Beliebtheit in der schottischen Küche ganz oben. Einmal gefangen, müssen sie so frisch wie möglich gegessen werden, weil sie schnell verderben. Sie schmecken in Haferflocken-Panade kurz in Öl gebraten oder einfach nur gegrillt. Ein Lieblingsgericht in ganz Schottland ist »Tatties and Herring«, wobei die Fische auf den fast gar gekochten Kartoffeln gedämpft werden.

Auch Makrelen werden noch reichlich gefangen, aber nicht in industriellem Ausmaß. Makrelen sollten so frisch wie möglich gegessen werden, meist werden sie einfach gebraten oder gegrillt.

Haddock oder Schellfisch ist die beliebteste weiße Fischsorte in Schottland. Im Mittelalter wurde er durch Salz-Härtung haltbar gemacht, eine Methode, die bereits im Haushaltsbuch von König James VI. im 16. Jahrhundert erwähnt wurde. Populär machte den Haddock aber die Verwendung in »Fish and Chips«, *das* Fisch-Abendessen in Schottland schlechthin. Schellfisch wird am besten gebacken oder gedünstet zubereitet. Der Fisch kann einige Zeit abliegen und gewinnt dadurch angeblich an Geschmack.

Die Regenbogenforelle ist dank neuer Zuchtbetriebe, die sich an den Seen und rund um die Küsten angesiedelt haben, weit verbreitet. Sowohl frische als auch geräucherte Forellen werden ins Ausland exportiert. Meerforellen *(brown trouts)* hingegen sind schwerer zu bekommen und nur selten auf den Speisekarten zu finden.

Hummer gilt als eines der schmackhaftesten Meerestiere und zeichnet sich durch einen reichen, intensiven Geschmack aus. Ursprünglich war Hummer typisches Armeleute-Essen, im 19. Jahrhundert stieg er in den Gourmet-Himmel auf. Er wird in der Regel gekocht, kann aber auch gegrillt werden. Die dunkelblau-grüne Schale wird durch das Kochen rot. Hummer und Krebse wurden ursprünglich bei Ebbe mit einem Stock gefangen, ab 1750 wurden Korbreusen eingeführt, die mit Köder versehen waren.

Kaisergranate sind auch als Langoustinen (vor allem in Frankreich), als Riesengarnelen (obwohl es sich bei den Tieren nicht um Garnelen handelt, sondern um Krebse) oder als Scampi (in Italien) bekannt. Sie wurden von den Fischern früher überwiegend als störender Beifang betrachtet. Erst ab den 1960er Jahren stieg die Nachfrage, vor allem unter Touristen. Mittlerweile gehören sie zum Gourmet-Essen, sie können frisch oder vorgekocht, heiß oder kalt serviert werden. Der Geschmack des weißen Fleisches ist zarter als das von Hummer. Kenner halten schottische Krabben (die ebenfalls zu den Krebsen zählen) für delikater als deutsche. »Partan Bree«, eine cremige Krabbensuppe, ist ein berühmtes schottisches Gericht.

Austern waren einst so zahlreich, dass sie als Grundnahrungsmittel der Armen dienten und in vielen Gerichten als Zutaten enthalten waren. Sie werden roh gegessen, als Füllung für Fisch oder Fleisch sowie für Saucen verwendet. Durch Überfischung und Umweltverschmutzung waren die Austern in Schottland um die Mitte des 20. Jahrhunderts fast ausgestorben. Erst die Austernzucht in den sauberen Gewässern an der Westküste und um die Inseln hat zu einer Wiederbelebung der Bestände geführt.

Es gibt in Schottland zwei Arten von Jakobsmuscheln – die große Jakobsmuschel und die Queen-Jakobsmuschel. Das weiße Muschelfleisch ist fest mit einem milden Geschmack. Die Koralle, der orangefarbene Teil der Muschel, ist essbar und hat ein reiches Aroma und glatte Textur. Jakobsmuscheln sollten nur ein paar Minuten gebraten werden, andernfalls wird das Fleisch zäh und verliert seinen süßen Geschmack.

Miesmuscheln sind ein wunderbares Hauptgericht oder auch eine Vorspeise. Sie werden vor allem entlang der Westküste Schottlands gezüchtet. Im Dampf gegart oder in Weißwein gekocht schmecken sie am besten.

Bezugsquellen:

Scottish Salmon – www.scottishsalmon.co.uk
Seafood Scotland – www.seafoodscotland.org
Loch Fyne Seafood & Venison – www.lochfyne.com
Cluny Fish – www.cluny-fish.com

KÄSE

Für eine Käseplatte gibt es keine fixen Vorgaben. Üblicherweise wird der Käse nach dem Hauptgang, aber vor dem Dessert gereicht. Die Käseauswahl sollte auf jeden Fall vielfältig sein, sowohl bei den Kategorien bzw. der Konsistenz des Käses (Weichkäse, Hartkäse, Blauschimmelkäse etc.) als auch im Geschmacklichen. Zumindest ein Ziegen- oder Schafskäse sollte als Alternative zu Kuhmilchkäse angeboten werden. Grundsätzlich gilt es, den Käse immer so spät wie möglich einzukaufen, um die Frische zu gewährleisten und ihn mindestens eine Stunde vor dem Servieren aus dem Kühlschrank zu nehmen, damit er Raumtemperatur erreicht. Den Käse nie zur Gänze aufschneiden, da er sonst schnell austrocknet. Es empfiehlt sich, einige keilförmige Stücke vorzuschneiden und den Rest im Ganzen zu belassen. Die Rinde von Blauschimmel- und Hartkäse sollte entfernt werden.

Zum Garnieren eignen sich Trockenobst, Äpfel, Nüsse oder Gemüse vom Holzgrill. Speziell für Blauschimmel- oder kräftige Hartkäse bieten sich Sellerie und Trauben als Beigabe an.

Getränketechnisch kann eine Käseplatte nicht nur von Wein begleitet werden, sondern natürlich auch von Whisky. Auch hierbei gibt es kein Richtig oder Falsch. Erlaubt ist, was schmeckt und die Sinne anregt, wobei grundsätzlich gilt, Gleiches mit Gleichem zu kombinieren. Kräftige Malzwhiskys passen gut zu kräftigem Käse und leichte Whiskys zu nicht so dominanten Käsesorten.

Heute gibt es in Schottland an die 20 Käsereien, die sowohl traditionelle als auch neue Käsekreationen herstellen. Verwendet wird dafür Kuh-, Ziegen- und Schafmilch.

Frischkäse

Zu den ältesten schottischen Käsesorten zählt der *Capo*, ein Frischkäse aus mit Doppelrahm bzw. Sahne angereicherter Kuhmilch (labfrei), der in gerösteten, grob gehackten Haferkörnern gerollt wird. Die Milch für den Käse kommt vom nördlichen schottischen Festland. Aufgrund des rauen Klimas setzen die dortigen Rinder mehr Fett an und produzieren daher sehr eiweißreiche Milch, die sich optimal für die Käseherstellung eignet.

Der *Caboc* ist eher gelblich und vom Charakter sehr reichhaltig (Fettgehalt zwischen 67 und 69 %), glatt und buttrig mit einem nussigen Geschmack. Der ihn umgebende geröstete Hafer verstärkt die nussige Note und knuspert beim Kauen. Er besticht durch seine Vielfältigkeit und passt hervorragend zu Blutorangen- oder Clementinensalat, schmeckt in Kartoffelpüree eingerührt oder einfach pur, mit Haferkeksen oder Toast.

Der *Crowdie*, auf Gälisch *Gruth*, ist dem Caboc nicht unähnlich, wird aber aus Magermilch hergestellt. Geschmacklich weist er eine frische Säure auf und erinnert am Gaumen an gemahlene Mandeln. Die Konsistenz ist weich und etwas krümelig. Er passt gut auf Haferkekse mit Räucherlachs, wird aber auch bei Desserts wie etwa beim Cranachan (einer Süßspeise aus Sahne, Himbeeren, Honig, Haferflocken und Whisky) als Alternative zu Rahm bzw. Sahne verwendet. Der Käse sollte vor einem ausgiebigen Whiskytasting genossen werden, denn angeblich mindert er die Wirkung des Alkohols.

Weichkäse

Für den *Clava Brie* wird Kuhmilch verschiedener Rinderrassen verwendet. Hergestellt wird der Käse mit dem feinen Geschmack in der *Tonnage Highland Darin* in der Nähe von Inverness. Er hat eine krustige weiße Rinde und einen weichen, cremigen Teig. Die Reifezeit beträgt drei Wochen. Gut gereifte Laibe entwickeln einen komplexen, leicht bitteren Charakter. Er schmeckt hervorragend als Brotzeit oder in Kombination mit Räucherschinken.

Ein weiterer Vertreter ist der *Morangie Brie* mit einer weichen, schmelzenden Textur und subtilem Geschmack, hergestellt von *Highland Fine Cheeses* in Tain.

Halbfester Schnittkäse

Ein besonderer Käse ist der *Iona Cromag*, der auf der Isle of Mull erzeugt wird. Seine klebrige rosaorange Rinde wird mit Whisky aus der benachbarten Destillerie Tobermory gewaschen. Dadurch bekommt der butterige Geschmack des Käses ein Gegengewicht. Dieser Käse darf auf keiner Käseplatte fehlen, sein Geschmack ergänzt sich optimal mit süßen Trauben und reifen Feigen – und selbstverständlich mit einem Schluck Whisky.

Hartkäse

Ein weiterer wichtiger Vertreter von schottischem Käse ist der *Dunlop*. Es handelt sich um einen milden Hartkäse aus entrahmter Milch, der heute in ganz Schottland hergestellt wird. Er hat einen süßen und milden Charakter mit einer leichten Butternote. Die Konsistenz ändert sich mit dem Reifegrad. Mit sechs Monaten ist er noch eher weich und butterartig, mit zwölf Monaten fest und duftend.

Dieser Käse ist sehr beliebt und weit verbreitet, nicht zuletzt weil er in sehr vielen unterschiedlichen Rezepten verwendet werden kann und gilt als idealer Begleiter für Whisky.

Ebenfalls aus der Region Ayrshire stammt der *Barwheys*. Dieser wird aus nicht pasteurisierter Milch von Pedigree-Ayrshire-Kühen hergestellt und reift zwischen zehn und vierzehn Monaten. Die Käserei wurde 2010 eröffnet. Barwheys hat einen langen, komplexen Geschmack und erinnert an Nüsse bzw. Karamell. Dieser regionale Käse wird auch in einer geräucherten Version angeboten.

Blauschimmelkäse

Der aus Schafmilch hergestellte Blauschimmelkäse *Lanark Blue* wird seit 1985 in Ogcastle, nahe dem Ort Carnwath hergestellt. Der Käse reift etwa drei Monate und besitzt einen sehr reichhaltigen Geschmack. Er passt hervorragend auf jede Käseplatte.

Strathdon Blue hingegen ist ein Blauschimmelkäse aus Kuhmilch. Er wird in der *Highland Fine Cheese Company* erzeugt, die auch den eingangs genannten Caboc kreiert. Mit seinem leichten Salz- und Pfeffer-Geschmack und einer würzigen Note eignet er sich ideal für Soufflés mit Walnüssen und grünem Salat und mundet, geschmolzen, auf Rosinenbrot oder auf Rindersteak.

Bezugsquellen:

Highland Fine Cheese Company – www.hf-cheeses.com
The Scottish Store – www.scottish-cheese.com

BEEREN UND PILZE

Himbeeren sind die Favoriten des Landes. Wilde Himbeeren haben, im Unterschied zu den gezüchteten Sorten, einen unvergleichlich intensiven Geschmack. Sie sollten am besten frühmorgens gepflückt und so frisch wie möglich gegessen werden. Da sie leicht verderblich sind, müssen sie im Kühlschrank aufbewahrt werden, sie eignen sich aber auch zum Einfrieren. Als Sauce sind sie ein feiner Begleiter zu Hirsch. »Cranachan« oder »Tipsy Laird«, zwei sehr beliebte schottische Desserts, werden mit frischen Himbeeren zubereitet. Darüber hinaus gibt es zahlreiche Beerensorten, wie sie auch in Mitteleuropa anzutreffen sind: Brombeere, Maulbeere, Stachelbeere, Erdbeere, Vogelbeere.

Im schottischen Obstgarten finden sich häufig Äpfel, Birnen und Pflaumen. Diese werden vorwiegend in den Lowlands angebaut und gezüchtet. Zu den bekannten schottischen Apfelsorten zählen Bloody Ploughman, Clydesdale, Coul Blush, Galloway Pippin, James Grieve, Lass O'Gowrie, Lemon Queen, Port Allen Russet, Scotch Dumpling, Stirling Castle und White Melrose.

Eine der ältesten Birnensorten ist die Wardon. Sie wurde bereits im 13. Jahrhundert in Großbritannien angebaut, ist sehr aromatisch und schmeckt in Kombination mit kräftigen Käsesorten. Weitere gängige Sorten sind u.a. Maggie, Hassel und Conference. Bei Pflaumen sind die Sorten Victoria, River's Early und Bullace erwähnenswert.

Der Anteil der Waldfläche in Schottland beträgt rund 17 Prozent. Der feuchte, moosige Boden ist Nahrung für zahlreiche Pilze, die in der schottischen Küche als Basis für Saucen, aber auch in Eintöpfen und Suppen Verwendung finden. Es sind gängige Sorten, wie es sie auch in Mitteleuropa gibt: Pfifferlinge, Steinpilze, Boviste, Parasole (Riesenschirmlinge), Morcheln und Wiesenchampignons.

Bezugsquelle:

Scottish Fruit Trees – www.scottishfruittrees.com
Galloway Wild Foods – www.gallowaywildfoods.com

GEMÜSE UND KARTOFFELN

Gemüsekohl ist seit altersher sehr beliebt, es gibt ihn in Schottland in mehreren Sorten: der klassische Grünkohl, Meerkohl (er wächst in Strandnähe), Red Russian Kale (Kohl mit süßem Geschmack) und der schwarze Kohl (Cavolo Nero, sehr aromatisch, schwarze Blätter, gut für Eintöpfe).

Die Kohl- oder Steckrübe ist die traditionelle Begleiterin zum Haggis. Das gelbe Fleisch hat einen hohen Gehalt an Provitamin A und wird nach dem Kochen zumeist püriert.

Weitere schottische Gemüsehighlights sind der Lauch, Petersilienwurzeln und Karotten, diese werden sowohl als Beilagen als auch in Suppen verkocht.

Schottische Kartoffeln *(tatties)* sind alte, historische Sorten und erfreuen mit ihren bunten Farben in Schale und Fleisch nicht nur das Auge, sondern mit ihren intensiven Geschmacksnoten auch die Gaumen der Gourmets. Sie bilden die Basis für eine Vielzahl von schottischen Rezepten. Einige Kartoffelsorten, die aus Schottland kommen sind: Blue Salad Potatoe (vorwiegend festkochend, blaue Schale, blaues Fleisch, rundovale Knolle, kräftiger Kartoffelgeschmack, geeignet als Salat-, Salz- oder Pellkartoffel), Shetland Black (violett, mehlig, für Bratkartoffeln oder Püree), Highland Burgundy Red (mehlig, rote Schale und rotes Fleisch, die Farbe bleibt nach dem Kochen erhalten; nicht zu lange kochen, für alle Arten der Zubereitung geeignet), Pink Fir Apple (rosa Schale, gelbes Fleisch, hörnchenförmig, würziger Geschmack, geeignet als Salat-, Salz- oder Pellkartoffel), Arran Victory (mehlig, gute Lagerfähigkeit mit violetter Schale und weißem Fleisch) und Yetholm Gypsy (mehlig, blaue Kartoffelsorte, behält die Farbe beim Kochen, als Pellkartoffel ideal, cremiger Geschmack). Mittlerweile sind diese Sorten auch auf dem europäischen Festland erhältlich und werden durchwegs sowohl in Deutschland, Österreich als auch der Schweiz angebaut.

Bezugsquellen:

Tartuffli Naturwaren e.K. – www.erlesene-kartoffeln.de
Kartoffelhof Schramm – www.kartoffelsorten.at

MEHLSORTEN

Die gängigsten Mehlsorten, unter Berücksichtigung der Verwendung in Schottland, sind neben Weizen- und Vollkornmehl Produkte aus Gerste, Hafer und auch Roggen. Mehl ist in der Regel lange haltbar, dennoch sollte man auf das Verfallsdatum achten. Zu altes Mehl verliert seinen Geschmack und liefert keine guten Backergebnisse. Man ordnet die Helligkeit der Mehle einer sogenannten Type zu. Je höher dabei die Typenzahl ist, umso höher ist der Anteil an Vitaminen, Mineral- und Ballaststoffen und desto dunkler ist das Mehl. Die dunkle Farbe entsteht durch die Randschichten des Korns, die mit vermahlen werden.

Roggenmehl: Der Roggen ist neben dem Weizen das einzige Getreide, das überall auf der Welt zum Brotbacken verwendet wird. Roggenteig ist immer leicht klebrig und etwas schwierig in der Verarbeitung. Aus diesem Grund mischt man Roggenmehl häufig mit anderen Mehlen. Es gibt ebenso viele Roggenmehle wie Weizenmehle in den verschiedensten Farben und Typen.

Hafermehl: Enthält kein Gluten und wird meist gemischt mit anderen Mehlen zum Brotbacken verwendet. In Schottland werden daraus flache, knusprige Hafermehlkekse gebacken. Bei Haferflocken, dem *oatmeal*, handelt es sich nicht um Mehl, sondern um gedämpfte, zu Flocken gepresste ganze Haferkörner. Aus diesen wird das berühmte Porridge zubereitet. Man unterscheidet hierbei zwischen dem *medium-ground oatmeal* und dem *coarse oatmeal*, Ersteres sind die klassischen Haferflocken, das Zweite ist grober gemahlen und hat mehr Biss.

Gerstenmehl wird nur selten zum Brotbacken verwendet. Gerstenmehlbrote sind ziemlich derb und haben einen erdigen Geschmack. Gerstenvollkornmehl kann man, ebenso wie das aus Perlgraupen gemahlene feinere Gerstenmehl, in kleinen Mengen unter Weizenvollkorn- oder Weizenauszugsmehl mischen. Sie geben dem Brot einen rustikalen Geschmack. Das *beremeal* ist eine alte schottische Sorte, die nur im nördlichen Teil, auf Orkney, den Shetlands sowie auf den Hebriden, angebaut wird. Dieses Mehl hat einen nussigen Charakter und eignet sich ausgezeichnet für Bannocks oder auch Blinis.

Erbsenmehl: Ein vielseitig einsetzbares, nahrhaftes Mehl, das in der *Golspie Mill* aus speziell gerösteten gelben Erbsen dreifach gemahlen wird. Die traditionelle Zubereitungsweise ist »Peasemeal Brose« (ein Brei aus Ersenmehl, Butter und Wasser oder Milch). In der innovativen Küche wird es auch zum Panieren von Fisch oder Huhn, für die Zubereitung von Saucen oder auch für vegetarische Speisen verwendet.

Bezugsquelle:

Golspie Mill – www.golspiemill.co.uk

»GEBOR'N IN KYLE AM RAND DER WELT ...«

Besser als mit den Worten des Dichters selbst können die Situation, in die Robert Burns hineingeboren wurde, und sein kurzes, bewegtes Leben nicht beschrieben werden. Dabei ist es nicht wichtig, ob ihm tatsächlich eine Handleserin an seiner Wiege eine Zukunft als Kämpfer für die Rechte der Unterdrückten, als berühmter Dichter und als Frauenheld vorausgesagt hat. Burns jedenfalls hat diese Geschichte gerne auf diese Weise kolportiert:

There was a lad was born in Kyle,
But whatna day o' whatna style,
I doubt it's hardly worth the while
To be sae nice wi' Robin.

Gebor'n in Kyle am Rand der Welt,
An einem Tag, wie nicht bestellt,
Ich fürcht', es hat sehr viel gefehlt,
An Freundlichkeit für Robin.

Robin was a rovin' boy,
Rantin', rovin', rantin', rovin',
Robin was a rovin' boy.
Rantin', rovin' Robin!

Robin hielt es nirgends aus,
Hier und dort und da und dort,
Robin hielt sich nirgends auf,
Lustig war der Robin!

Our monarch's hindmost year but ane
Was five-and-twenty days begun,
'Twas then a blast o' Janwar win'
Blew hansel in on Robin.

Am fünfundzwanzigsten Januar
– Der König starb im nächsten Jahr –
Zerriss ein Sturmwind um ein Haar
Das Elternhaus von Robin.

The gossip keekit in his loof,
Quo' scho: »Wha lives will see the proof,
This waly boy will be nae coof:
I think we'll ca' him Robin.«

Die Nachbarin las ihm die Hand:
»Hier steht es deutlich und prägnant,
Der wird kein Narr, der hat Verstand,
Ich denk', ihr tauft ihn Robin.«

»He'll hae misfortunes great an' sma',
But ay a heart aboon them a',
He'll be a credit till us a':
We'll a' be proud o' Robin!«

»Hat er auch Pech, mal hier, mal dort,
Sein Herz, das schlägt am richt'gen Ort,
Wir bürgen für ihn immerfort,
Denn wir sind stolz auf Robin!«

»But shure as three times three mak nine,
I see by ilka score and line,
This chap will dearly like our kin',
So leeze me on thee, Robin!«

»Und so wie dreimal drei gibt neun,
Seh' ich in seinem Händchen fein:
Der Bursche setzt sich für uns ein,
Drum schwör ich auf dich, Robin!«

»Guid faith«, quo' sho, »I doubt you, sir,
Ye gar the bonnie lasses lie aspar;
But twenty fauts ye may hae waur,
So blessin's on thee, Robin!«

»Ich sehe auch, du legst einmal
Die Mädchen flach in großer Zahl,
Doch Schlimm'res gibt es allemal,
Mein' Segen hast du, Robin!«

Robert Burns, *»Rantin', Rovin' Robin«*

Es war im Dörfchen Alloway, in der Grafschaft Kyle der schottischen Südwestregion Ayrshire, wo Robert Burns am 25. Januar 1759 das Licht der Welt erblickte. Ein heftiger Sturm fegte über die feuchte Hütte des Ehepaares Burns und riss das Dach zum Teil weg. Robert, auch Robin genannt, war das erste von sieben Kindern armer Bauersleute, die ihrer Familie nur ein arbeits- und entbehrungsreiches Leben bieten konnten.

Im vorletzten Regierungsjahr von König George II. blies den meisten Kleinbauern ein rauer Wind um die Ohren. Es war die Zeit radikaler

Veränderungen in der Agrarwirtschaft, die der Industriellen Revolution vorausgingen. Weil großflächige Landwirtschaft rentabel zu werden begann, wurde Kapital investiert, wurden bessere Methoden im Feldanbau angewendet und neuartige Maschinen eingesetzt. Großgrundbesitz löste die kleinbäuerliche Wirtschaft ab, ehemals freie Bauern waren gezwungen, sich in den Fabriken zu verdingen oder als abhängige Pächter für ihren Lebensunterhalt zu sorgen. Dies führte zu einer gesellschaftlichen und sozialen Spaltung in wohlhabende Farmbesitzer und Pachtherren auf der einen Seite und den unter ständig steigenden Pachtzinsen leidenden und in Armut lebenden Pächtern und Landarbeitern auf der anderen Seite. Auch die Familie Burns geriet immer tiefer in Schulden und führte einen verzweifelten Kampf ums tägliche Brot.

Roberts Vater war strenggläubiger Calvinist, sorgte jedoch dafür, dass zumindest die Söhne eine gute Allgemeinbildung durch Privatlehrer erhielten. Robert bekam zusätzlich Unterricht in Latein, Französisch, Mathematik, Vermessungstechnik und Flachsanbau. So wuchs er trotz harter Arbeit auf den Feldern und Äckern diverser Pachtgründe zu einem belesenen, äußerst diskussionsfreudigen jungen Mann und streitbaren Geist heran.

Robert Burns engagierte sich für die humanistischen Prinzipien der Aufklärung und für die aus Amerika und Frankreich kommenden Ideen von Freiheit, Demokratie und Gleichberechtigung. Schottland gehörte in der zweiten Hälfte des 18. Jahrhunderts zu den führenden Ländern Europas, was die Auseinandersetzung mit philosophischen, naturwissenschaftlichen, ökonomischen und gesellschaftspolitischen Fragestellungen betrifft. Burns schloss sich liberal denkenden Intellektuellen und den Freimaurern an, kritisierte in öffentlichen Reden und in Spottgedichten immer wieder die weltliche und kirchliche Obrigkeit und musste sich deshalb oft der »Beschuldigung« aussetzen, ein Freund des Volkes und damit ein gefährlicher Aufrührer zu sein. Wie viele seiner Landsleute war Burns aber auch Patriot. Dass er der eigenen schottischen Aristokratie vorwarf, durch die 1701 geschlossene Union mit England Schottlands Souveränität verraten zu haben, machte ihn bei den Machthabern zusätzlich unbeliebt.

A fig for those by law protected!
Liberty's a glorious feast!
Courts for cowards were erected,
Churches built to please the priest!

Ein Pfui auf die, die's Gesetz beschützt!
Die Freiheit ist ein großes Fest!
Von Feiglingen werden die Höfe genützt,
Kirchen erbaut als Pfaffennest!

ROBERT BURNS, *»The Jolly Beggars – A Cantata«, Schlusschor*

Ersten Zugang zur Literatur bekam Burns durch seine Mutter, die viele Lieder kannte, und durch eine Magd, die unzählige Sagen, Volksmärchen und Geistergeschichten zu erzählen wusste. Später las er mit Begeisterung die Gedichte seines in jungen Jahren verstorbenen Landsmannes Robert Fergusson (1750–1774), der bewusst im schottischen Dialekt schrieb. Mehr und mehr bediente sich auch Burns in seiner Poesie einer volksnahen Sprache. So sind die meisten seiner Gedichte, Liedtexte und Balladen in *scots* bzw. im regionalen *lallands*, dem Dialekt der Lowlands im Südwesten Schottlands, verfasst. Nicht zu verwechseln mit dem Gälischen, das ursprünglich im ganzen Land verbreitet war, nach der Einwanderung von Angelsachsen in den Süden Schottlands jedoch in die Highlands und auf die Hebriden verdrängt wurde.

Der junge Robert Burns verfiel der »Sünde des Reimens«, wie er es nannte, als er ein Mädchen namens Nell bzw. Nelly kennengelernt hatte und sich sofort in sie verliebte, was zu seinem ersten Gedicht, einem Liebeslied, führte:

O, once I lov'd a bonie lass,
Aye, and I love her still;
And whilst that virtue warms my breast,
I'll love my handsome Nell.

Oh, ich liebte eine hübsche Maid,
Lieb' sie weiter auf der Stell';
Solang sie mir mein Herz erwärmt,
Lieb' ich die fesche Nell.

She dresses aye sae clean and neat,
Both decent and genteel;
And then there's something in her gait
Gars onie dress look weel.

Sie kleidet sich ganz einfach nur,
Dezent und elegant;
Was Besond'res liegt in der Figur,
Drum wirkt sie so charmant.

'Tis this in Nelly pleases me,
'Tis this enchants my soul;
For absolutely in my breast
She reigns without control.

Das mag ich an der Nelly so,
Weil sie mein Herz berührt;
Ich trag' sie drin in meiner Brust,
Wo sie allein regiert.

ROBERT BURNS, *»Handsome Nell«, 1., 5. und 7. Strophe*

Einen Teil seiner Bekanntheit zu Lebzeiten hat Burns sicher seiner Zuneigung zu Gerstensäften aller Art und seinem Ruf als Schürzenjäger zu verdanken. Denn es kann nicht behauptet werden, Burns hätte die »Lassies«, die schönen Töchter Schottlands, nur aus der Ferne schwärmerisch besungen. Seine vielen amourösen Affären brachten ihn immer wieder in Konflikt mit der Kirche und mit den Eltern der jungen Damen. Seine Ehefrau, Jean Armour, hatte deswegen vieles zu ertragen. Gegen den Willen ihrer Familie ging sie eine Verbindung mit dem »rhyming rake«, dem »reimenden Wüstling« ein. Sie brachte selbst neun Kinder zur Welt und versorgte außerdem einige der außerehelichen Kinder ihres Gatten, obwohl die Familie ständig in Not war und oft nichts als Haferbrei auf den Tisch kam. Nicht nur aus finanziellen Gründen – da seine Versuche als Farmer oft fehlschlugen –, sondern auch aus Furcht davor, wegen falscher Eheversprechen belangt zu werden, plante Burns sogar die Emigration zu den »Indies«, konkret nach Jamaika. Anderseits verdankt die Weltliteratur dieser Burns'schen Casanova-Eigenschaft einige der schönsten und berührendsten Liebesgedichte und Liebeslieder.

Im November 1786 kam der 27-jährige Dichter nach Edinburgh, um sein Erstlingswerk in der Hauptstadt zu präsentieren. Er wird sogleich zur literarischen Sensation. Die »opinion leaders« der aufgeklärten Edinburgher Gesellschaft waren begeistert von »Caledonia's Bard« (Caledonia: keltisch-lateinische Bezeichnung für Schottland). Sein Buch »Poems, chiefly in the Scottish dialect« wird zum Bestseller und erlebt mehrere

Auflagen. Im darauffolgenden Jahr unternahm Burns per Pferd drei Touren in die westlichen und nördlichen Highlands, die ihm bis dahin unbekannt waren. Sein Interesse dort galt vor allem dem Sammeln von alten gälischen Melodien und Liedern. Zu vielen dieser Musikstücke verfasste er eigene Texte, die in mehreren Bänden in den beiden Liedsammlungen »Scots Musical Museum« und »Select Collection of Original Scottish Airs« erschienen sind.

Burns hat in seinem poetischen Werk nie seine Herkunft aus ärmlichen Verhältnissen geleugnet. Er blieb trotz seiner Freundschaft mit angesehenen und wohlhabenden Leuten seiner Zeit und seiner Popularität ein einfacher Bauer. Auch wenn er in seinen letzten Jahren, um seine Familie zu ernähren, eine Anstellung bei der »Excise«, der Steuerbehörde, annahm, blieb er ein kritischer Zeitgenosse.

Als Robert Burns am 21. Juli 1796 im Alter von 37 Jahren in Dumfries starb, folgten vier Tage später Zehntausende seinem Sarg und ein ganzes Land trauerte. Seine Ehefrau Jean konnte nicht dabei sein, zur Stunde seiner Beisetzung brachte sie ihr neuntes gemeinsames Kind zur Welt.

Burns hinterließ Hunderte von Natur- und Liebesgedichten, Balladen und Liedtexte zu populären Melodien, politisch-satirische Schriften und Briefe. Längst war er weit über Schottland hinaus bekannt und wird seither als Erneuerer caledonischen Liedgutes und als Nationaldichter verehrt. Die Gegend seines Wirkens wird »Robert-Burns-Country« genannt, unzählige Gedenkstätten sind ihm gewidmet.

Texte von Robert Burns wurden in viele Sprachen und Dialekte übersetzt. Literaten wie Johann Wolfgang von Goethe, Heinrich Heine und Theodor Fontane schätzten sein Werk. Joseph Haydn, Ludwig van Beethoven, Clara und Robert Schumann, Felix Mendelssohn-Bartholdy, Hector Berlioz, Maurice Ravel, Dimitri Schostakowitsch, Benjamin Britten und viele andere Tonkünstler hat er zu Kompositionen angeregt. Selbst Protestsänger und Liedermacher der 1970er Jahre wie Hannes Wader und Wolf Biermann haben Burns-Texte verwendet.

Sein bekanntester Liedtext »Auld Lang Syne« ist nicht nur in der anglophonen Welt, sondern überall bekannt und wird an jedem 25. Januar, dem Geburtstag des Dichters, im Rahmen einer »Burns Night« gesungen.

Bill o' Fare
O my Luve's like a red, red rose

Das Menü für Verliebte

Scotch Beetroot with Brie Pastry with an
Orange, Walnut & Cranberry Salad

Langoustines on a Fennel Purée
with Clam Sauce

Caramelized Apple Cake

Rote Bete & Brie auf Blätterteig mit
Orangen-Walnuss-Preiselbeer-Salat

Kaisergranate auf Fenchelpüree
mit Muschelsauce

Karamellisierter Apfelkuchen

Rote Bete & Brie auf Blätterteig mit Orangen-Walnuss-Preiselbeer-Salat

Scotch Beetroot with Brie Pastry with an Orange, Walnut & Cranberry Salad

200 g Rote Bete, vorgekocht
1 Pkg. Blätterteig
100 g Brie (*Scottish Morangie*, siehe S. 22)
25 ml Schlagsahne
1 Eigelb
2 Orangen, unbehandelt
100 g Preiselbeeren (aus dem Glas)
50 g brauner Zucker
30 g Walnusskerne
Salz, schwarzer Pfeffer aus der Mühle

Den Backofen auf 180 °C vorheizen. Blätterteig ausrollen und auf ein mit Backpapier belegtes Blech legen. Im Ofen für 6–7 Minuten goldbraun backen. Herausnehmen und wenden. Den Ofen nicht abdrehen.
Die Roten Beten in dünne Scheiben schneiden, auf dem Blätterteig verteilen, mit Salz und Pfeffer würzen.
Den Brie würfeln und in einer Schüssel mit der Schlagsahne und dem Eigelb vermischen. Die Käse-Ei-Sahne-Mischung über den Rote-Bete-Scheiben verteilen. Den belegten Blätterteig zurück in den Ofen schieben und weitere 5 Minuten backen.
Währenddessen den Salat zubereiten. Walnusskerne, Preiselbeeren, Zesten von den beiden Orangen und den braunen Zucker in einer Pfanne köcheln lassen, bis der Zucker schmilzt. Die Orangen in feine Spalten schneiden und filettieren. Auf Tellern anrichten, darüber die Walnuss-Preiselbeer-Mischung verteilen und je eine Portion des Rote-Bete-Brie-Blechkuchens daneben platzieren.

Kaisergranate auf Fenchelpüree mit Muschelsauce

Langoustines on a Fennel Purée with Clam Sauce

12 Kaisergranate

Olivenöl
Estragon
etwas Zitronensaft

Für das Fenchelpüree:
2 kleine Fenchelknollen
Olivenöl
10 g Fenchelsamen
100 ml Pastis (Anisschnaps)
Salz und schwarzer Pfeffer aus der Mühle

Für die Muschelsauce:
15 g Karotten
15 g Lauch
1 Stk. Stangensellerie
1 Schalotte, fein gehackt
2 Knoblauchzehen, fein gehackt
Olivenöl
120 ml trockener Weißwein
20 Venus- oder Herzmuscheln
20 ml Schlagsahne
25 g Butter

Mit dem Püree beginnen: Die Fenchelknollen grob zerteilen und in Olivenöl bei mittlerer Hitze anschwitzen. Dann die Fenchelsamen hinzugeben und weitere 3–4 Minuten garen. Mit dem Pastis ablöschen und warten, bis der Alkohol sich verflüchtigt hat. Mit etwas Wasser bedecken und einreduzieren lassen. Im Mixer pürieren, würzen und warm halten. Für die Muschelsauce das Gemüse fein würfeln und mit Zwiebel und Knoblauch im Olivenöl in einem Topf anschwitzen. Die Muscheln hinzugeben und mit dem Weißwein ablöschen. Deckel auflegen und den Topfinhalt etwa 3 Minuten kochen lassen, bis sich alle Muscheln geöffnet haben. Die Flüssigkeit abseihen und aufbewahren. Die Muscheln von den Schalen befreien und in etwas Kochflüssigkeit beiseite stellen. Die

restliche Flüssigkeit einreduzieren, dann mit dem Obers und der Butter binden. Sauce und Muscheln warm halten.
Die Kaisergranate kurz mit Dampf überbrühen, so lassen sie sich besser ausnehmen. Das Muskelfleisch in fein gehacktem Estragon wälzen. In einer heißen Pfanne in Olivenöl auf beiden Seiten kurz bräunen.
Das Püree auf Tellern anrichten und die Kaisergranate darauf verteilen mit etwas Zitronensaft beträufeln. Daneben die Muscheln mit der Sauce platzieren.

Der Whiskytipp zum Hauptgang: Benriach Birnie Moss – Intensely Peated – 48% Vol.

Karamellisierter Apfelkuchen
Caramelized Apple Cake

600 g Äpfel geschält, entkernt und in schmale Spalten geschnitten
Saft von 1 Zitrone
3 Eier
250 g Zucker
175 ml Sonnenblumenöl
175 g Mehl
1,5 TL Backpulver
1 EL Speisestärke
1 TL Vanillezucker
50 g Butter

Den Ofen auf 175 °C vorheizen. Die Apfelspalten mit Zitrone beträufeln, damit sie nicht braun werden.
Die Eier mit 150 g des Zuckers schaumig rühren und nach und nach Öl beigeben.
Mehl, Backpulver, Stärke und Vanillezucker versieben und in die Masse rühren. Die Butter erhitzen und 100 g Zucker begeben. Gut verrühren und bei niedriger Temperatur karamellisieren lassen, bis die Masse dickflüssig ist.
Eine Springform mit Backpapier auslegen, das Karamell gleichmäßig hineingießen und die Apfelspalten darauflegen. Den Teig darauf verteilen. Bei 175 °C ca. 45 Minuten backen. 15 Minuten abkühlen lassen und den Kuchen anschließend stürzen.

»MEIN VATER WAR BAUER ...«

William Burness, der Vater von Robert (die verkürzte Schreibweise »Burns« wurde erst nach dem Tod des Vaters verwendet), stammte aus dem verarmten Norden, an der Grenze zur damaligen Grafschaft Carrick. Er kam in das südwestliche Ayrshire, um Arbeit zu suchen, war dort eine Zeit lang als Gärtner tätig und betrieb im Nebenerwerb einen kleinen Gemüseanbau. Später pachtete er unweit von Alloway in Mount Oliphant einen Hof, auf dem Robert seine Kindheit und die ersten Jugendjahre verbrachte. Aufgrund der strengen Moralvorstellungen geriet Robert oft in Konflikt mit seinem Vater, schätzte ihn jedoch anderseits als ehrlichen und arbeitsamen Mann:

My Father was a farmer upon the Carrick border, O,
And carefully he bred me in decency and order, O;
He bade me act a manly part, though I had ne'er a farthing, O;
For without an honest manly heart, no man was worth regarding, O.

Mein Vater war Bauer an der Grenze im Norden,
Von ihm bin ich zu Anstand erzogen worden;
Er lehrte mich, Mensch zu sein, sonst wär' ich nichts wert,
Denn ohne stark im Herz zu sein, wird nie ein Mensch verehrt.

Robert Burns, *»My Father Was A Farmer«, 1. Strophe*

Das Grundstück in Mount Oliphant war ein steiniger Berghang. Der Ernteertrag war sehr gering, die Familie geriet immer tiefer in Schulden und führte einen verzweifelten Kampf ums tägliche Brot. Später übersiedelte die Familie auf eine andere Farm in Lochlea. Statt steinigem Boden gab es dort Sumpfland und auch kaum etwas zu ernten.

So erging es allerdings vielen Kleinbauern und Farmpächtern, unzählige suchten in der Emigration eine Überlebenschance. Die britischen Steuergesetze, insbesondere die Korngesetze, machten Grundnahrungsmittel für viele Menschen unerschwinglich. Um 1780 begannen z.B. die sogenannten *Highland Clearances*, die Vertreibung von Kleinbauern, um

Platz für groß angelegte Schafzucht zu schaffen und um die traditionellen Clan-Strukturen, vor allem im Hochland, zu zerstören. Missernten häuften sich. Allein zwischen 1772 und 1790 gab es vier Hungersnöte. Und die Schwindsucht raffte Tausende hinweg, so auch 1784 Vater Burness, gerade noch rechtzeitig, um ihn vor dem Schuldturm zu bewahren.

In einem seiner Gedichte hat Robert Burns die eigene und die Situation der verarmten Bauern so beschrieben:

The sun he is sunk in the west,
All creatures retired to rest,
While here I sit, all sore beset,
With sorrow, grief and woe:
And it's O fickle Fortune, O!

Die Sonne versinkt Richtung West,
Alle Wesen suchen ihr Ruhenest,
Nur ich sitz' hier, von Sorgen voll,
Mit Kummer und Not, wohin ich seh':
Das Glück ist launisch wie eh' und je!

The prosperous man is asleep,
Non hears how the whirlwinds sweep;
But Misery and I must watch
The surely tempests blow:
And it's O fickle Fortune, O!

Der reiche Mann, der schlummert gut,
Hört nicht den Wirbelwind und ruht,
Doch ich liege im Elend wach
Und weiß, ein Sturm ist in der Näh',
Das Glück ist launisch wie eh' und je!

No comfort, no comfort I have!
How welcome to me were the grave!
But then my wife and children dear –
O, wither would they go?
And it's O fickle Fortune, O!

Die Familie des Dichters musste oft genug hungern und auf die Rückkehr des Hausherrn warten

Ich seh' keine Hilfe in der Not!
Willkommen wäre mir der Tod!
Doch was soll'n Frau und Kinder tun,
Wenn ich aus dieser Welt weggeh'?
Das Glück ist launisch wie eh' und je!

O wither, O wither shall I turn?
All friendless, forsaken, forlorn!
For, in this world, Rest or Peace
I never more shall know:
And it's O fickle Fortune, O!

Wohin soll ich mich dreh'n, wohin?
Ohne Freunde, wie allein ich bin!
Ich find' hier weder Rast noch Ruh',
Wohin ich mich auch immer dreh':
Das Glück ist launisch wie eh' und je!

Robert Burns, *»In The Character Of A Ruined Farmer«, 1., 2., 6. und 7. Strophe*

Die unfreiwillige, aber sprichwörtliche Sparsamkeit und Genügsamkeit der Schotten, vor allem jener, die von kleinteiliger Landwirtschaft und wenig Vieh lebten, ist schon aus früheren Zeiten bekannt. In dem alten Lied »The Blythesome Bridal« aus dem 15. Jahrhundert wird ein Überblick über die Küche der armen Leute gegeben:

Suppe oder Brei aus Hafermehl, Gemüsekohl, Zwiebel, Radieschen und Erbsen, Gerstenfladen und Ale, jedoch kein Fisch und kein Rind- oder Schaffleisch, ausgenommen Schafskopf, Kutteln und Innereien. Die übliche Speisekarte, die *Bill o' Fare*, der Familie Burns wird wohl ähnlich ausgesehen haben.

Sparsamkeit und einfache Ernährung hat der schottische Volksmund aber immer auch als Tugend gepriesen:

Mickle meat, mony maladies.
Surfeits slay mair than swords.
He that eats but ae dish seldom needs the doctor.
Licht suppers mak lang life.

Viel Fleisch, viel Leid.
Volle Bäuche erschlagen mehr als Schwerter.
Wer wenig isst, braucht selten den Arzt.
Leichte Kost hält 's Leben lang.

Alte schottische Sprüche

In den Highlands hat sich die althergebrachte Sparsamkeit lange erhalten. Die »alten Helden« lebten hauptsächlich von Fleischbrühe. Das Wasser, in welchem ein Stück Schaf oder Rotwild gekocht wurde, dickte man mit Hafermehl ein und würzte es mit Wildkräutern. Das stellte dann das Frühstück und das Abendessen eines »Highland chiefs« dar.

Ein Besucher, der 1688 auf den Inneren Hebriden in Mull und Iona weilte, notierte, dass die Leute ihren Appetit nach den Notwendigkeiten zügeln und ihr Glück nicht darin besteht, viel zu haben, sondern mit wenig auszukommen.

Etwa zur gleichen Zeit schrieb ein Reisender über die Leute auf der Inneren Hebrideninsel Skye, dass diese von Butter, Käse, Milch, Kartoffeln, Kohl und Brochan, das ist gekochtes Hafermehl, sowie etwas Brot lebten. Er berichtete weiter, dass dies das regelmäßige Essen einiger Tausend Bewohner auf dieser und anderen Inseln im Winter und im Frühjahr sei und dass die Leute immerhin einiges an Strapazen zur See und an Land erdulden müssten, jedoch sehr gesund seien.

In den Lowlands war man nicht weniger sparsam. Ein Besucher aus England berichtete 1701 aus einem Dorf in Lanakshire, dass die Bewohner von Erbsen- und Gerstenkuchen leben, kein Fleisch essen, nur Wasser trinken und das ganze Jahr ohne Schuhe und Socken gehen.

Robert Burns, der auch nach seinen Erfolgen als Poet und trotz seiner späteren unfreiwillig aufgenommenen Tätigkeit bei der Steuerbehörde ein *crofter* und *cotter*, also ein Kleinbauer und Kleinhäusler, blieb, hat die Kargheit des Lebens und die Genügsamkeit der betroffenen Landsleute in vielen seiner Werke zur Sprache gebracht. Auch in jenem Gedicht, das den Samstagabend eines Familienvaters beschreibt, der von der Arbeit auf dem Feld nach Hause kommt:

At length his lonely cot appears in view,
Beneath the shelter of an aged tree;
Th' expectant wee things, toddlin', stacher through
To meet their dad, wi' flichterin' noise and glee.
His wee bit ingle, blinkin' bonnily,
His clean hearthstane, his thriftie wifie's smile,
The lispin' infant prattling on his knee,
Does a' his weary kiaugh and care beguile,
And makes him quite forget his labour and his toil.

Nun sieht er die Hütte, klein und entlegen,
Unter uraltem Baum, unter Ästen versteckt;
Eine Kinderschar hüpft ihm lachend entgegen,
Sie haben ihn taumelnd vor Freude entdeckt.
Das Feuer brennt schön im winz'gen Kamin,
Die sparsame Frau steht am steinernen Herd.
Er schaukelt den Säugling auf seinen Knien,
Fühlt sich nicht weiter durch Sorgen beschwert,
Vergisst, was ihm Mühsal und Plag' so beschert.

ROBERT BURNS, *»The Cotter's Saturday Night«, 3. Strophe*

Bill o' Fare
The smiling Spring comes in rejoicing

Das Frühlings-Menü

Blue Salad Potato Risotto

Haggis for Veggies

Pear & Rhubarb Crisp

Risotto von blauen Kartoffeln

Vegetarischer Haggis

Birnen-Rhabarber-Crisp

Risotto von blauen Kartoffeln
Blue Salad Potato Risotto

400 g blaue Kartoffeln (*Blue Salad Potato*: seltene schottische Kartoffelsorte, siehe S. 25)
½ weiße Zwiebel, fein gewürfelt
2 Knoblauchzehen, fein gehackt
1 TL Rapsöl
75 ml Weißwein
Salz und schwarzer Pfeffer
40 g Butter
40 g Hartkäse (*Barwheys*, siehe S. 23), gerieben
½ Bund Petersilie, fein gehackt

Zwiebel und Knoblauch bei halber Hitze im Rapsöl glasig anschwitzen. Die Kartoffeln werden in kleine Stifte, annähernd wie Reiskörner, geschnitten und zum Zwiebel-Knoblauch-Gemisch gegeben.
Salz und frisch gemahlenen Pfeffer beigeben und mit dem Weißwein ablöschen.
Wenn die Flüssigkeit vollkommen aufgesogen ist, unter ständigem Rühren nach und nach mit warmem Wasser aufgießen, gerade so viel, dass die Kartoffeln bedeckt sind.
Die Kartoffeln sollten bissfest bleiben. Sobald das »Risotto« cremig ist, den Topf vom Herd nehmen. Nun den Käse, die Petersilie und die Butter unterrühren. Eventuell mit Rucola-Blättern garnieren.

Vegetarischer Haggis
Haggis for Veggies

100 g Haferflocken
80 g Linsen, vorgekocht
80 g Kidney-Bohnen, vorgekocht
160 g Karotten, würfelig geschnitten
80 g Champignons, würfelig geschnitten
2 Knoblauchzehen, fein gehackt
1 kleine Zwiebel, gewürfelt
je 3 TL gehackte Mandeln, Walnüsse und Erdnüsse
Salz, schwarzer Pfeffer
1 TL Currymischung
2 TL Olivenöl
Weißwein
60 g Butter

Den Backofen auf 150 °C vorheizen. Die Haferflocken in Wasser vorkochen.
In einer großen Pfanne das Olivenöl erhitzen und Knoblauch, Zwiebel, Salz, Pfeffer und die Currymischung darin anschwitzen. Wenn die Zwiebelwürfel glasig sind, mit etwas Weißwein ablöschen und das Gemüse und die Hülsenfrüchte untermengen. Nach zwei Minuten die Champignons beifügen. Zum Schluss die Nussmischung dazugeben, diese sollte nicht weich werden, sondern ihren Biss *(crunch)* behalten. Vom Herd nehmen und in einer Schüssel mit den Haferflocken und der Butter vermischen. In einer Auflaufform verteilen und bei 150 °C backen, bis die Oberfläche knusprig wird (etwa 35 Minuten).

Der Whiskytipp zum Hauptgang: AnCnoc/Knockdhu, Speyside, 12 Jahre, 40 % Vol.

Birnen-Rhabarber-Crisp
Pear & Rhubarb Crisp

Für den Teig:
80 g Mehl
100 g Mandeln, gehackt
50 g Vollkorn-Haferflocken
130 g Zucker
1 Pkg. Orangeback (Orangenschalenaroma)
½ TL Zimt
220 g Butter, gekühlt und in Stücke geschnitten
100 g Mandeln, gerieben
1 Prise Salz

Für die Füllung:
750 g Rhabarber, geputzt und in 2 cm lange Stücke geschnitten
750 g Birnen, geschält, entkernt und grob geschnitten
45 g Mehl
135 g Zucker
1 TL frischer Ingwer, gerieben

Backofen auf 200 °C vorheizen.
Mehl, gehackte Mandeln, Haferflocken, Zucker, Orangeback und Zimt vermischen. Die kalte Butter in kleinen Stücken beigeben und mit den Händen einarbeiten, bis die Mischung krümelig wird. Dann die geriebenen Mandeln und die Prise Salz hinzufügen.
Für die Füllung die geschnittenen Früchte mit Mehl vermischen, dann den Zucker und den Ingwer beigeben, den Rhabarber und die Birnen darin wenden.
Die Früchtefüllung anschließend in eine gebutterte Auflaufform geben, den Teig als Streusel gleichmäßig darauf verteilen und bei 200 °C etwa 35 Minuten backen.

»DREIMAL TÄGLICH HAFERBREI ...«

Nach dem Tod des Vaters übersiedelte die Familie Burns nach Mossgiel, in die Nähe des Dorfes Mauchline. Robert und sein jüngerer Bruder Gilbert pachteten dort einen Hof. Robert war inzwischen ein 25-jähriger fleißiger Bauer und offenbar bei den Mädchen in der Gegend um Mauchline gern gesehen. Er wird zum ersten Mal Vater, eine Magd im Hause Burns bringt eine Tochter zur Welt. Etwa in dieser Zeit begegnete Robert auch der Tochter eines Mauchliner Steinmetzen, Jean Armour, und verliebt sich in sie. Ihr und anderen jungen Damen in Mauchline hat Burns folgendes Gedicht gewidmet:

In Mauchline there dwells six proper young belles,
The pride of the place and its neighbourhood a',
Their carriage and dress, a stranger would guess,
In Lon'on or Paris, they'd gotten it a'.
Miss Miller is fine, Miss Markland divine,
Miss Smith she has wit, and Miss Betty is braw:
There's beauty and fortune to get wi' Miss Morton,
But Armour's the jewel for me o' them a'.

Sechs Frau'n, jung und schön, gibt's in Mauchline zu seh'n,
Sie sind der Stolz im Ort und im Land,
Ihre Kleider und Hauben, so könnte man glauben,
Sind aus Paris und London bekannt.
Miss Miller ist zart, Miss Markland apart,
Miss Smith hat Witz, Miss Betty Verstand,
Schönheit und Glück sind Miss Mortons Geschick,
Doch die Armour, die ist mein Diamant.

Robert Burns, *»The Bells of Mauchline«*

Selten wird Robert Burns einen Abend so gemütlich zuhause verbracht haben

Als Robert Burns und Jean Armour nach langem Widerstand durch Jeans Vater eine eigene Familie gründeten, wurden die ökonomischen Probleme nicht kleiner. Der inzwischen berühmte Poet, aber immer noch mittellose Bauer Robert Burns war ständig in Geldnöten und konnte die Familie kaum ernähren. An einen Freund schrieb er: »… mein Mehlvorrat ist fast am Ende, aber ich werde mir welches borgen, bis ich neues bekomme …« Ein anderes Mal klagte der Dichter: »…viele Tage bleibt meine Familie und bleiben Hunderte anderer Familien absolut ohne ein Körnchen Getreide, weil es nicht für Geld zu kaufen ist …«

Hafermehl war immer schon ein Grundnahrungsmittel und die Basis vieler Speisen. Haferbrei oder *porridge*, auf Gälisch *brochan,* stammt ursprünglich aus Schottland und wurde in Großbritannien und in anderen Ländern als warme Frühstücksmahlzeit, aber auch zu Mittag oder am Abend verzehrt. Früher war es üblich, dem Porridge nichts beizugeben, sondern kalte Milch, Sahne oder Buttermilch quasi als Dip auf den Tisch zu stellen und den vollen Löffel dann dort einzutauchen. Mehl war für die verarmte bäuerliche Bevölkerung nicht immer ausreichend vorhanden. Oft wird das Mehl gerade noch gereicht haben, um am Samstagabend einen Haferbrei zu bieten.

Ein anderer weltberühmter Vertreter schottischer Literatur, Robert Louis Stevenson (1850–1894), u.a. Verfasser des Romans »Die Schatzinsel«, hat in seinem Roman »David Balfour«, der im Geburtsjahrzehnt von Burns spielt, die Armseligkeit seiner Landsleute so beschrieben:

> Der Abendbrottisch war mit einer Schüssel Mehlbrei, einem Hornlöffel sowie einem Krug Dünnbier gedeckt. »Hast Hunger?«, fragte mein Onkel, »du kannst das Löffelchen Mehlsuppe essen.« Ich sagte ihm, ich wolle ihn nicht um sein Abendessen bringen. »Ach«, meinte er, »ich kann ganz gut darauf verzichten. Ich halt's mehr mit dem Bier, das löst mir den Husten.« Der Küchenzettel meines Onkels sah nur Mehlbrei und Dünnbier vor. Zu Mittag gab es immer kalten Mehlbrei und zum Abendbrot warmen …

Robert Louis Stevenson, *aus »Entführt! oder Die Erinnerungen des David Balfour an seine Abenteuer im Jahre 1751«*

Es ist nicht überliefert, auf welche Weise im Hause Burns Porridge zubereitet wurde. Die Chronistin der schottischen Küche, Florence Marian McNeill, beschreibt die »einzig wahrhafte Methode« etwa so:

Für die Zubereitung des Porridge sollte immer eine eigene Pfanne verwendet werden. Für jede Person reicht eine Tasse frisches Quellwasser, eine Handvoll Hafermehl und ein kleiner Löffel Salz. Das Midlothian-Hafermehl ist hervorragend geeignet, das kleinkörnige Hafermehl aus den Highlands macht den Brei süß. Wenn das Wasser kocht, wird das Hafermehl mit der linken Hand eingestreut, während mit der rechten Hand gerührt wird. Wer es bequemer findet oder wer abergläubisch ist, kann die Hände auch tauschen. Zum Einrühren wird ein Porridge-Stick, genannt *spurtle*, *theevill* oder *gruel-tree*, verwendet, wobei Klumpenbildung vermieden werden soll, da sich die Kinder beklagen könnten. Wenn der Brei kocht, wird er zugedeckt und je nach Mehlqualität 20 bis 30 Minuten weitergekocht. Salz sollte erst nach etwa 10 Minuten dazugegeben werden, sonst wird der Brei zu hart oder quillt über. Porridge sollte jedoch nie ohne Salz zubereitet werden. Der fertige Brei wird dann direkt in *cold porringers* oder Suppenschalen serviert, dazu Schälchen mit kalter Sahne, Milch oder Buttermilch als Beigabe. Die traditionelle Porridge-Schale ist aus Birkenholz, weil es süß schmeckt und sich gut reinigen lässt. Jeder Löffel Porridge, der sehr heiß sein sollte, wird in die kalten Zutaten getaucht, bevor er zum Mund geführt wird. Die Löffel sollten aus Horn sein, da diese nicht so heiß werden wie Löffel aus Metall. Kinder haben dazu gerne ein wenig Zucker, Honig, Sirup oder Melasse sowie in der Mitte des Breis ein Stück Butter.

In früheren Zeiten wurde in den schottischen Lowlands für alle Arten von Porridge auch der Begriff *crowdie* verwendet. In den Highlands jedoch war diese Bezeichnung für einen speziellen Käse gebräuchlich (vom Gäl. *gruth*, d.h. Topfen bzw. Quark). Für all jenes hingegen, das in den Lowlands *crowdie* genannt wurde, gab es in den Highlands Begriffe wie *drammach*, *fuareg* oder *stapag*.

In seinem Gedicht »The Holy Fair« beschreibt Robert Burns einen Sonntagmorgen, an dem er drei Frauen begegnet, die zur heiligen Messe gehen und ihn einladen mitzukommen. Im Zusammenhang mit der Tageszeit spricht Burns dabei von *crowdie-time*, also der Zeit des Frühstückens:

Quoth I, »Wi' a' my heart, I'll do't;
I'll get my Sunday's sark on,
An' meet you on the holy spot;
Faith, we'se hae fine remarkin!«
Then I gaed hame at crowdie-time,
An' soon I made me ready …

Ich sprach: »Ich geh' gerne mit euch fort,
Zieh' nur ein frisches Hemd mir an
Und treff' euch bei dem heil'gen Ort
Und haben uns're Freude dann!«
Ich kam nach Haus zur Frühstückszeit,
Und fertig war ich schnell …

Robert Burns, *»The Holy Fair«, 6. Strophe, Auszug*

In einem Liedtext hat Burns die immer wiederkehrenden Notlagen seiner Familie und die Beschränkung auf Haferbrei so beschrieben:

O that I had ne'er been married,
I wad never had nae care,
Now I've gotten wife an' bairns,
An' they cry »Crowdie« evermair.

Oh, als ich noch nicht verheiratet war,
Da war eine heilige Ruh,
Jetzt hab' ich Frau und Kinderschar,
»Haferbrei« schrein's immerzu.

Ance crowdie, twice crowdie,
Three times crowdie in a day;
Gin ye »Crowdie« onie mair,
Ye'll crowdie a' my meal away.

Einmal Brei, zweimal Brei,
Dreimal täglich Haferbrei;
Gib uns bitte »Haferbrei«,
Schallt das Haferbreigeschrei.

Waefu' Want and Hunger fley me,
Glowrin' by the hallan en';
Sair I fecht them at the door,
But aye I'm eerie they come ben.

Vor Not und Hunger fürcht' ich mich,
Sie hocken längst schon vor der Tür.
Wie lang ich's aufhalt, was weiß ich,
Bin sicher, die kommen 'rein zu mir.

Robert Burns, *»Crowdie Ever Mair«*

In schottischen Märchen wird Haferbrei als Kraft und Stärke gebende Speise gelobt. Das Märchen »Lod, der Bauernsohn« z.B. lautet etwa so:

Ein Bauer hatte einen Sohn, der für sein jugendliches Alter schon recht tüchtig und stark war. Eines Tages schickte der Vater seinen

Sprössling zu den Torfstechern, die für ihn arbeiteten. Er gab ihm einen großen Topf voll Haferbrei und wies ihn an, sorgfältig damit umzugehen. Lod, so hieß der Bursche, machte sich auf den Weg. Und weil die Sonne schien und der Topf ihm so leicht vorkam, sprang er über Pfützen, über Gräben und tanzte damit herum, bis der Topf ihm entglitt und der ganze Brei auf der Straße lag. Schnell schob er mit den Händen den Brei zurück in den Topf und ging damit zu den Torfstechern. Aber als die Männer sahen, wie dreckig ihr Essen war, weigerten sie sich zu essen und am Abend verklagten sie Lod bei seinem Vater. Lod wurde aus dem Hause gewiesen und nahm nach etlichen Schwierigkeiten Dienst bei einem König. »Was verlangst du für deinen Dienst?«, fragte ihn der König. »Ich brauche zwei Mahlzeiten am Tag, morgens und abends. Das heißt, ein halbes Maß Mehl und so viel Milch, wie nötig ist für einen Brei, jede Woche. Und noch 10 Guineen«, sagte Lod.
Morgens vor jeder Heldentat und abends nach jeder Heldentat, die Lod verrichtete, zündete er ein Feuer an, kochte sich seinen Brei und stärkte sich.

Natürlich erhielt Lod so zu guter Letzt die Königstochter und das ganze Reich.

Ob als Suppe oder Brei, mit Gemüse oder Fleisch, ob zu Fladen, Brot, Keksen oder Kuchen gebacken, Mehl war in Schottland immer ein grundlegendes Nahrungsmittel und spielt daher auch in den Volkslegenden eine wichtige Rolle. Vielleicht hat der kleine Robert Burns in seiner Kindheit auch dieses Märchen gehört:

In Nihtsdale siebte eines Morgens eine Frau das Mehl, das frisch von der Mühle gekommen war. Mit einem Mal stand eine niedliche, ärmlich, aber sauber gekleidete Fremde vor ihr, streckte ihr eine altertümliche Holzschüssel entgegen und bat höflich darum, diese mit dem frischen Mehl anzufüllen. Die Frau tat es bereitwillig, weil es unklug ist, einer Elfin eine Bitte abzuschlagen. Eine Woche war vergangen, als die kleine niedliche Fremde wieder vor der erstaunten Frau stand und diesmal das Mehl mitsamt der Holzschüssel zurückbrachte. Sie stellte diese auf den Tisch, hauchte darüber hin und sagte dabei: »Nie sollst du leer sein.«
Die Frau aus Nithsdale erreichte ein hohes Alter, aber den Boden der Schüssel hat sie nie jemals sehen müssen.

Bill o' Fare
Ne'er scorn a poor Poet like me

Das Menü des armen Dichters

Scotch Broth

Herring in Oatmeal

Porridge de luxe

Schottische Graupensuppe

Heringe in Hafermehl

Porridge mit Schlagsahne und Früchten

Schottische Graupensuppe
Scotch Broth

800 g Lammschulter, ausgelöst
2 l Wasser
250 g Graupen (Rollgerste)
150 g Karotten
100 g weiße Rüben
50 g Zwiebel
150 g Lauch
100 g Stangensellerie
½ Bund Petersilie
Salz und Pfeffer

Das Lammfleisch im Ganzen in einem großen Topf mit dem Wasser übergießen und aufkochen lassen. Die Graupen, Salz und Pfeffer zugeben und auf mittlerer Hitze etwa eine Stunde lang köcheln lassen. Das Gemüse in Scheiben schneiden, Zwiebel fein hacken und zum Fleisch in den Topf geben. Eine weitere Stunde kochen lassen.
Nun das Fleisch aus dem Topf heben und in fingerbreite Würfel schneiden. In die Suppe zurückgeben, abschmecken und beim Anrichten mit fein gehackter Petersilie bestreuen.

Variante:
Die Suppe kann mit einer Mischung aus Äpfeln und Esskastanien gereicht werden. Dazu 2 kleine Äpfel schälen, entkernen und in Spalten schneiden. In einer Pfanne Butter erhitzen, die Apfelspalten darin dünsten und mit Majoran würzen. Etwa 150 g vorgekochte Esskastanien halbieren, zu den Äpfeln geben und etwas mitbraten. Das Ganze zur Suppe servieren.

Heringe in Hafermehl

Herring in Oatmeal

800 g Heringsfilets
100 g Hafermehl
25 g Butter
4 Streifen Bauchspeck
Salz und schwarzer Pfeffer
1 unbehandelte Zitrone

Salz und Pfeffer mit dem Hafermehl vermischen und die Heringsfilets beidseitig gut ins Mehl drücken. Überschüssiges Mehl abschütteln.
Die Butter in einer Pfanne erhitzen. Die Speckstreifen knusprig braten, aus der Pfanne nehmen und warm halten. Danach bei mittlerer Hitze die Filets auf beiden Seiten in derselben Pfanne braten, bis sie hellbraun werden.
Die Fischfilets mit den Speckstreifen umwickeln. Etwas Zitronenzeste darübergeben und mit Zitronenscheiben garnieren. Dazu passen Salzkartoffeln mit Petersilie.

Der Whiskytipp zum Hauptgang: Caol Ila, Islay, 12 Jahre, 43 % Vol.

Porridge mit Schlagsahne und Früchten

Porridge de luxe

300 ml Wasser, schwach gesalzen
50 g Haferflocken (*oatmeal*, siehe S. 26)
2 EL Honig
100 ml Schlagsahne
70 g frische Waldbeeren
15 ml Whiskylikör

Das Wasser bis kurz unter den Siedepunkt erhitzen und unter unablässigem Rühren die Haferflocken einrieseln lassen. 5 Minuten köcheln lassen, bis die Flocken die gesamte Flüssigkeit aufgesogen haben.
Porridge auf einem Teller mit geschlagener Sahne anrichten, mit den Waldbeeren, Whiskylikör und dem Honig garnieren.

»JEDER DER AUFWUCHS MIT GERSTENBROT ...«

The cronach stills the dowie heart,
The jurram stills the bairnie,
The music for a hungry wame
Is grinding o' the quernie.

Ein Klagelied lindert die Trauer im Herz,
Ein Wiegenlied des Kindleins Qualen.
Musik für einen hungrigen Bauch
Wird zwischen den Steinen gemahlen.

Altes schottisches Lied

»Jede Französin kommt mit einen Kochlöffel in der Hand zur Welt, jede Schottin mit einem Nudelholz unter dem Arm«, so lautet ein altes Sprichwort. Der Prozess des Brotmachens ist zwar grundsätzlich in allen Ländern und zu allen Zeiten gleichartig, aber es gab und gibt viele Variationen im letzten Stadium der Teigzubereitung. In Schottland waren diese schon immer besonders vielfältig.

Der erste Bäcker, der in der schottischen Geschichte erwähnt wird, hieß Genere, ein angelsächsischer Mönch, der im 6. Jahrhundert in der Gemeinde Iona die Bevölkerung mit Brot versorgte. Mitte des 13. Jahrhunderts, so wird berichtet, hätten schottische Soldaten hinter ihrem Sattel eine Metalldose mit Hafermehl mit sich geführt. Verspürten sie Hunger, mischten sie etwas Mehl mit Wasser und buken daraus ein Fladenbrot, um ihren Magen etwas zu erwärmen. Um die Mitte des 15. Jahrhunderts wird ein *bread de luxe* erwähnt, das aus feinem, zwischen Steinen gemahlenem Mehl gebacken wurde. Im Edinburgh des 18. Jahrhunderts waren mehr als 50 verschiedene Sorten von *teabread* erhältlich.

Besonders unter der ländlichen Bevölkerung in Schottland gehörte der Backofen immer schon zum Herd. In den Städten stand jedoch nicht in jedem Haus eine eigene Backgelegenheit zur Verfügung, so wurde der vorbereitete Teig zu öffentlichen Backstuben gebracht und dort gebacken. Allerdings hatten auch viele religiöse Gruppen und Vereinigungen eigene Mühlen und Backstuben. Verwendet wurde Hafer-, Gersten- oder Roggenmehl bzw. Mehlmischungen, um *teabread*, *scones* und *bannocks* herzustellen. Weizenmehl hingegen galt in ländlichen Gebieten lange Zeit als Luxus.

Fair fa' the gudewife and send her gude sale,
She gies us gude bannocks to drink her ale.

Hoch lebe die Wirtin, vergönnt sei es ihr,
Sie hat gutes Brot und dazu schmeckt ihr Bier.

Aus einem alten schottischen Lied

Ein alte Rezeptur *Bere or Barley Bannocks* aus Gerstenmehl, Butter, Salz und Milch zu backen, lautet etwa so:

Man gibt ein halbes Pint Milch mit einer Prise Salz und einer Unze Butter in eine Pfanne, bringt die Mischung zum Kochen und rührt schnell ausreichend Gerstenmehl dazu, sodass ein geschmeidiger Teig entsteht. Dann wird der Teig auf ein bestäubtes Brett gelegt, dünn ausgerollt und Teile in der Größe der Pfanne rund ausgeschnitten. Gebacken wird bei ziemlich großer Hitze auf einem Backblech bei einmaligem Wenden. Die Bannocks sollten heiß gegessen werden.

Eine andere alte Rezeptur, allerdings mit Gersten- und Weizenmehl, lautet ungefähr folgendermaßen:

Man gibt in eine Schüssel ein Pfund Gerstenmehl, vier Unzen feines Weizenmehl, zwei kleine Teelöffel Weinessig und einen halben Teelöffel Salz und mischt alles gut durch. Dann gießt man drei Teelöffel Buttermilch in einen Krug und gibt zwei kleine Teelöffel Backsoda dazu, rührt es schnell durch, und wenn es moussiert, gießt man es in das Mehlgemisch. Daraus macht man einen leichten Teig, legt ihn vorsichtig auf ein mehlbestäubtes Brett und rollt ihn aus zu einer Dicke von einem halben Inch, schneidet runde Teile in der Größe einer Fleischpfanne aus und legt sie auf ein heißes Backblech, backt es nicht zu schnell, bis die Unterseite braun ist, und wendet dann den Kuchen. Der Anteil des feinen Weizenmehls ist Geschmackssache. Bei *Pease Bannocks* wurde Erbsenmehl anstelle von Gerstenmehl verwendet.

Auf den Hebriden gab es den *Struan Micheil* oder *St. Michael's Cake*, ein traditioneller Herbst-Kuchen aus einem Gemisch der dort vorkommenden Mehlsorten Hafer, Gerste und Roggen. Dieser Kuchen wurde am 29. September zu Ehren des Heiligen Michael gebacken. Der Kuchen

In der Schmiede wurden Pflugscharen, aber auch Ehen geschmiedet

war mit einer Mischung aus Sahne, Eiern und Butter bestrichen. Dazu kamen verschiedene Ingredienzien wie Preiselbeeren, Blaubeeren und Brombeeren, Kümmel und wilder Honig.

In den Outer Isles wurde *Aran Isenach* oder *Indian Bread* aus einem Gemisch von feinem Mehl, Maismehl und Butter gebacken.

Welche Art von Brot oder Keksen im Hause Burns auf den Tisch kam, ist nicht überliefert. Aber Gebackenes spielte eine derart wichtige Rolle in der Ernährung der Bevölkerung, dass Burns in einem seiner Gedichte Schottland als »Land o' Cakes« bezeichnet. Jedenfalls kannte Burns auch den symbolischen Charakter von Bannocks für die schottische Identität, wenn er in einem seiner Gedichte eine Verbindung zwischen Bannocks und dem verehrten Prinz Charles Edward Stewart, genannt »Bonnie Prince Charlie« herstellt, der 1746 in der Schlacht bei Culloden den letzten Aufstand der Schotten gegen die Engländer anführte, aber vernichtend geschlagen wurde.

Wha in a brulyie will
First cry 'a parley?
Never the lads wi' the
Bannocks o' barley!

Wer flucht als Erster
In Bedrängnis und Not?
Nie einer, der aufwuchs
Mit Gerstenbrot!

Bannocks o' bear meal,
Bannocks o' barley,
Here's to the Highlandsman's
Bannocks o' barley!

Brot aus Gerstenmehl,
Gerstenbrot,
Ein echter Highlander
Liebt sein Gerstenbrot!

Wha in his wae days
Were loyal to Charlie?
Wha but the lads wi' the
Bannocks o' barley!
Wer war in schlimmer Zeit
Bei Charlie im Boot?
Jeder der aufwuchs
Mit Gerstenbrot!

Robert Burns, *»Bannocks O' Bear Meal«*

Als Hochzeitskuchen war früher in ländlichen Gebieten Schottlands ein *Infar-cake* oder *Dreaming-bread*, ein mürber Haferkuchen, gebräuchlich. Der Kuchen wurde über der Braut zerbrochen, wenn sie die Schwelle ihres neuen Hauses übertrat. Dies geht auf römische Zeiten zurück, denn das schottische Recht war viel stärker und länger durch das Römische Recht beeinflusst als das Rechtssystem in England. Der Brauch symbolisiert durch den Verzehr eines geweihten Brotes die Legitimation der Ehe zwischen den Vertragspartnern. Die anderen Brotstücke wurden an ledige Burschen und Mädchen verteilt, »to dream on«.

Zur Mitte des 18. Jahrhunderts war in England für eine Heirat zwischen Minderjährigen bereits die Einwilligung der Eltern erforderlich. Dies galt jedoch nur für England, nicht für Schottland. So entwickelte sich an der schottisch-englischen Grenze aus dem Dörfchen Greta Green, nicht weit von Dumfries, dem letzten Wohnort von Robert Burns, ein wahres Zentrum für den Heiratstourismus. Der Schmied des Dörfchens etablierte sich als Amtsperson für Eheschließungen, und der Amboss seiner Schmiede wurde zum Symbol für Trauungen und zählt bis in unsere Zeit zu einer vielbesuchten Attraktion. Ob in Greta Green heute noch Hochzeitskuchen über den Bräuten zerbrochen werden, ist unbekannt. Hochzeitmenüs gibt es dort jedenfalls.

Wie auch in anderen Kulturen waren Brot und Kuchen in Schottland seit jeher ein Symbol der Fruchtbarkeit. Robert Burns hat dies in einem Gedicht so ausgedrückt:

»O whar gat ye that hauver-meal bannock?«
»O silly blind body, O dinna ye see;
I gat it frae a young brisk sodger laddie,
Between Saint Johnston and Bonnie Dundee.
O gin I saw the laddie that gae me't!
Aft has he doudl'd me up on his knee;
May Heaven protect my bonnie Scots laddie,
And send him safe hame to his babie and me!«

»Wovon hast du den Bauch? Von Hafermehlkuchen?«
»Oh, tu nicht so blöd, schau' her und sieh':
Den bekam ich von einem feschen Soldaten,
Zwischen St. Johnston und dem schönen Dundee.
Oh, ich würd' den Burschen so gern wiederseh'n,
Er schaukelte mich auf seinem Knie!
Der Himmel beschütz' ihn, den Schottensoldaten,
Denn ich und sein Kindlein vergessen ihn nie!«

Robert Burns, *»Bonnie Dundee«, 1. Strophe*

Der Bauer Robert Burns, der sich in landwirtschaftlichen Belangen gut auskannte, hat auch in seinen Liebesgedichten immer wieder die bäuerliche Arbeit und die Natur miteinbezogen. Etwa im Liedtext »The Rigs O' Barley«, bei dem eine spezielle schottische Form des Feldes gemeint ist. Der Begriff *rig* bezeichnet einen leicht erhöhten Ackerstreifen in einem von Bewässerungsgräben unterteilten Feld. Die im folgenden Text erwähnte *Lammas Night* ist die Nacht vor dem 1. August, dem *Lammas Day*, der im alten Schottland ein hoher Feiertag war, an dem den Grundherren die *Lammas*, die Abgaben, zu übermitteln waren. Die besungene Annie war eine der Liebschaften des Dichters:

It was upon a Lammas night,
When corn rigs are bonie,
Beneath the moon's unclouded light,
I held awa to Annie:
The time flew by, wi' tentless heed,
Till 'tween the late and early;
Wi' sma' persuasion she agreed,
To see me thro' the barley.

Es war in einer Lammas-Nacht,
Die Felder waren so schön,
Der Mond sah wolkenlos und sacht
Mich hin zur Annie geh'n:
Die Zeit verflog ganz ohne Hast,
Bis es Tag wurd' auf der Welt;
Und zugestimmt hatte zur Rast
Sie, drin im Gerstenfeld.

Corn rigs, an' barley rigs,
An' corn rigs are bonie:
I'll ne'er forget that happy night,
Amang the rigs wi' Annie.

Ein Roggenfeld, ein Gerstenfeld,
Ein Kornfeld und wir beide:
Die eine Nacht vergess' ich nie,
Mit Annie im Getreide.

ROBERT BURNS, *»The Rigs O' Barley«, 1. Strophe und Refrain*

Brot als Voraussetzung für das tägliche Überleben nimmt auch in der schottischen Märchenliteratur einen breiten Platz ein, wie das folgende Märchen »Das kleine Brot« zeigt:

Manch einer erzählt von seinen
Verführungen im Abendrot,
doch ich erzähl von dem kleinen,
aber tapferen Haferbrot.

Es waren einmal ein alter Mann und seine alte Frau. Eines Tages buk sie zwei kleine Brotlaibe aus Hafermehl und legte sie ans Feuer zum Trocknen. Der gute Brotgeruch stieg dem alten Mann in die Nase. Er kam herein, schnüffelte an einem Brot und dann aß er es auf.

Das andere kleine Brot erschrak darüber und lief, so schnell es konnte, davon. Es lief bis zu einem Haus mit einem Strohdach und legte sich dort auf den Herd. Die Hausfrau sagte erfreut: »Oh, ein kleines Haferbrot!«, und wollte danach greifen. Da hopste das Brot vom Herd, schlug einen Haken und entwischte.

Das kleine Brot rannte, bis es an ein winziges Haus am Wegrand kam. Darin saß ein Weber. »He«, sagte er, »ein kleines Brot. Die Suppe war heute sehr dünn, das kommt mir gerade recht.« Noch ehe er sich aber rühren konnte, sauste das kleine Brot aus der Tür.

Im nächsten Haus schmeichelte die Hausfrau: »Komm nur herein, kleines Brot, ich will dich mit Butter bestreichen«, und langte nach ihm. Da war es jedoch schon, ab durch die Mitte, einen Abhang hinuntergerollt, direkt in die Mühle hinein.

»So ein feines Brot!«, brummte der Müller. »Ich werde Käse auf dich legen, dann hast du es warm.« Aber das kleine Brot trollte sich lieber und kam so zur Schmiede.

Der Schmied sah es und lachte: »Jetzt ein Krug Bier zu diesem Brot, das ich mir gleich rösten werde«, und grapschte nach ihm. Das kleine Brot bekam es mit der Angst zu tun, als es vom Bier hörte, und machte, dass es davonkam.

Bei einem Bauernhaus hielt es inne, um zu verschnaufen. Der Bauer und die Bäuerin erblickten es und leckten sich die Lippen: »Jeder eine Hälfte! Nimm du die Mistgabel und ich den Rechen.« Sie hatten es kaum ausgesprochen, da war das kleine Brot schon um die Ecke.

Quer durch Ginsterbüsche und Brennesseln stürmte es und fand sich erst im nächsten Haus wieder, wo es sich an den Herd lehnte. Ein Kind rief: »Da ist ein kleines Brot am Feuer, darf ich es haben?« Nichts wie weg, sagte sich das kleine Brot, bevor die Tür verriegelt werden konnte, und lief aus dem Haus.

Es wurde schon dunkel, als es an einer Hütte vorbeirannte, in der es schon ruhig war. Mann und Frau waren gerade im Begriff, sich

schlafen zu legen. »Oh, ein kleines Brot«, rief die Frau, »das wär doch was zum Frühstück!« Ihr Mann warf seine Hose, die er eben ausgezogen hatte, schnell über das kleine Brot. Das bekam kaum noch Luft, aber trotzdem flitzte es davon. Über die Wiese ging es, durch den Garten und erst bei den Stachelbeeren wurde das Brot die Hosen los. Die Dunkelheit half gnädig beim Entkommen.
Das kleine Brot kroch, erschöpft wie es war, in eine Fuchshöhle und ruhte sich aus. »Willkommen, willkommen«, flötete der Fuchs und dann biss er es entzwei.
Das war das Ende des tapferen kleinen Brotes.

Jetzt lacht ihr und glaubt euch gescheit
und seid ironisch sogar,
doch bis ihr selbst im Fuchsenloch seid,
vergeht vielleicht kein Jahr.

Bill o' Fare
Modern Burns Supper

Das moderne Burns-Menü

Smoked Salmon with Caboc & Bannocks

Haggis Tarte

Ginger Apples with Whisky

Schottischer Räucherlachs auf Frischkäse und Bannocks

Haggis im Blätterteig auf Gemüsebeet mit Roter Bete

Ingwer-Äpfel mit Whisky

Schottischer Räucherlachs auf Frischkäse und Bannocks

Smoked Salmon with Caboc & Bannocks

250 g schottischer Räucherlachs
150 g Frischkäse (*Caboc*, siehe S. 21)
½ Bund Dill, gehackt
Granatapfelkerne

Für die Bannocks:
150 g Gerstenmehl (siehe S. 26)
35 g glattes Weizenmehl (Type 405, 550)
1 TL Backpulver bzw. Speisesoda
150 ml Milch (oder Buttermilch)
Salz
Butter

Für die Vinaigrette:
3 EL Zitronen- oder Limettensaft
½ Zwiebel
1 TL englischer Senf
Zucker, Salz und schwarzer Pfeffer aus der Mühle
6 EL Olivenöl
je ½ Bund Kerbel, Estragon, Petersilie

Mit der Vinaigrette beginnen: Die Zwiebel sehr fein hacken und mit Zitronensaft, Senf, Zucker, Salz und Pfeffer verrühren, dann das Olivenöl unterrühren. Kräuter fein hacken und untermischen. Den Lachs in der Vinaigrette marinieren.
Für die Bannocks: Mehlsorten, Backpulver und Salz in einer Schüssel versieben, in der Mitte ein Kuhle bilden. Die Milch langsam eingießen und alles zu einem elastischen Teig rühren. Den Teig in vier Portionen teilen, diese jeweils zu etwa fingerdicken Teigkreisen ausrollen. Die Teigkreise in einer gusseisernen Pfanne in etwas Butter ausbacken, etwa 4 Minuten pro Seite. Danach die Bannocks mit einem Küchentuch bedeckt auskühlen lassen.
Die Bannocks im lauwarmen Zustand in Viertel teilen und in der Mitte halbieren. Mit dem Frischkäse bestreichen und den marinierten Räucherlachs portioniert darauf verteilen. Mit Dill und den Granatapfelkernen garnieren.

Haggis im Blätterteig auf Gemüsebeet mit Roter Bete

Haggis Tarte

300 g Haggis (siehe Rezept S. 195)
450 g Kartoffeln, geschält
400 g fertiger Blätterteig
2 geschälte Äpfel, entkernt, zu Stiften geschnitten
1 Eigelb
1 Knoblauchzehe
Muskatnuss, Salz und schwarzer Pfeffer aus der Mühle

Für die Gemüsebeilage:
150 g Rote Bete
100 g Stangensellerie
100 g Karotten
1 Gemüsezwiebel
Olivenöl
schwarze Sesamkörner

Den Backofen auf 220 °C vorheizen. Die Kartoffeln in kleine Streifen schneiden und mit dem fein gehackten Knoblauch vermengen. Mit Muskatnuss, Salz und Pfeffer würzen.

Das Gemüse für die Beilage vorkochen. Dazu Stangensellerie in feine Scheiben schneiden, vorher die holzigen Fäden entfernen. Die Karotten putzen und ebenso in Scheiben schneiden. Beides unter Dampf knackig kochen. Die Roten Beten schälen und in einem separaten Kochtopf gar kochen, danach in kleine Würfel schneiden.

Den Blätterteig ausrollen und zwei etwa gleich große Teigkreise ausschneiden. Den etwas kleineren dabei auf ein mit Backpapier belegtes Backblech legen. Die Hälfte der Kartoffelmasse etwa zwei Zentimeter dick nicht ganz bis zum Rand auf dem Teig verteilen.

Haggis mit klein geschnittenen Apfelsticks vermischen und auf den Kartoffeln verteilen, mit einer Kartoffelschicht abschließen.

Die Ränder beider Blätterteighälften gut mit Eigelb einstreichen. Nun den zweiten Teigkreis obenauf legen, die Ränder nach unten klappen und rundum leicht andrücken.

Den Rest des Eigelbs auf dem Teigdeckel verstreichen. Die Haggis-Tarte nun in den vorgewärmten Ofen geben, nach etwa 10 Minuten die Hitze auf 180 °C reduzieren und backen, bis der Deckel schön braun wird (weitere 45 Minuten).

Für die Beilage die Zwiebel fein hacken und in Olivenöl glasig anschwitzen. Nun das Gemüse unterheben und kurz anbraten. Die Sesamkörner in einer weiteren Pfanne kurz trocken anrösten. Gemüse auf vorgewärmten Tellern anrichten und mit schwarzem Sesam bestreuen. Je ein Viertel der Tarte danebensetzen.

Der Whiskytipp zum Hauptgang: Destillerie J. Haider - Dark Single Malt Peated J.H. 46% Vol.

Ingwer-Äpfel mit Whisky
Ginger Apples with Whisky

80 g frischer Ingwer, geschält und geraspelt
Saft von 2 Zitronen
1 kg fein säuerliche Äpfel, geschält und entkernt
250 g Zucker
1 EL Vanillezucker
200 ml Whisky
200 ml Schlagsahne

Den Ingwer mit dem Zitronensaft vermischen. Die Äpfel in Achtel schneiden und in eine Schüssel legen.
Ingwer zu den Äpfeln geben und mit Zucker und Vanillezucker bestreuen.
Anschließend mit Whisky übergießen und danach mindestens zwei Stunden ziehen lassen. Anschließend werden die Äpfel und die Flüssigkeit in einem Topf einmal aufgekocht und dann bei geringer Temperatur so lange gegart, bis die Äpfel glasig sind.
Im Kühlschrank abkühlen lassen und mit geschlagener Sahne servieren.

»SEI'S WASSERSUPPE ODER KOHL ...«

Zur früheren schottischen Küche schreibt Florence Marian McNeill, es müsse offen zugegeben werden, dass die Schotten nicht sehr erfinderisch in der Zubereitung von Gemüse waren. Unter der ländlichen Bevölkerung wurde Gemüse vor allem in Form von *broth*, also als Suppe, gegessen, dies sei allerdings tatsächlich der beste Weg, die kostbaren Gemüsesäfte zu erhalten. Gemüse wurde auch in *stews*, in Eintöpfen, verwendet und das war in Schottland schon immer populärer als in England.

So wie Hafer und Gerste in Schottland die gebräuchlichsten Getreidearten waren, so war Kohl das wichtigste Gemüse. Ein eigener Kohlgarten *(kail-yard)* war für schottische Kleinbauern das, was für die Iren das eigene kleine Kartoffelfeld war. Im *kail-yard* wurde Weißkohl bzw. Weißkraut für den sommerlichen und Grünkohl für den winterlichen Gebrauch gepflanzt. (Anmerkung: In Österreich wird zwischen Kohlsorten und Krautsorten unterschieden. Der in Österreich gebräuchliche dialektale Begriff »Kelch« für Kohl entspricht in etwa dem schottischen *kail*.)

Kail oder *kale* gedieh fast überall in Schottland, auch in exponierten Lagen und bei kalter Witterung. Je stärker der Frost, desto besser entwickelte sich der Geschmack des Kohls. Ursprünglich war *kail* eine Kulturpflanze der Lowlands, wurde in den Highlands lange Zeit kaum verzehrt, weil die Highlander dies als »unmännlich« empfanden und die Lowlander geringschätzig als »Kohlfresser« bezeichneten. Dafür griffen die Highlander vor allem nach den *Highland Clearances* zu Beginn des 19. Jahrhunderts, der Vertreibung und Enteignung der Kleinbauern, auf Pflanzen zurück, die in ihrer Heimat wild wuchsen: Nesseln, Ringelblumen und Sauerampfer, wilder Spinat, wilde Karotten, Senfkraut, Gänsefuß und die Wurzeln des Silberkrauts. Auch wilder Knoblauch war eine sehr beliebte Pflanze:

Is leighas air gach tinn
Cheamh 'us im a Mhàigh;
Ol 'an fhochair sid
Bainne-ghobhar bàn.

Knoblauchbutter im Mai
Kuriert alle Leiden;
Gib Ziegenmilch bei,
Kannst' alle vermeiden.

Alter Spruch in gälischer Sprache

Wo jedoch Kohl und Kraut wuchsen, wurden zumeist auch Zwiebeln, Karotten bzw. Mohrrüben, Steckrüben, Erbsen, Lauch und diverse Kräuter kultiviert. Kartoffeln, aus Irland kommend, wurden zum ersten Mal auf der schottischen Halbinsel Cantyre angebaut. Erwähnt wird die Verwendung von Kartoffeln erstmals in einem Haushaltsbuch einer Duchess of Buccleugh im Jahr 1701. Welche Bedeutung jedoch Gemüsekohl und Kraut für die Ernährung der armen Bevölkerungsschichten hatten, zeigt sich bis heute in erhaltenen Legenden, Volksliedern, Sprichwörtern und populären Gedichten. Robert Burns wird den folgenden Liedtext gekannt haben, denn die Mönche von Faill hatten ihr Kloster in der Nähe von Mauchline, wo Burns' Familie ab 1784 wohnte:

The Friars of Faill, they made gude kail
On Fryday when they fasted;
They never wanted gear eneuch
As lang as their neighbours' lasted.

Die Mönche von Faill kochten fidel
Beim Freitagsfasten immer Kohl,
Sie bekamen den Hals nie voll davon,
Den Nachbarn tat dies gar nicht wohl.

Altes schottisches Lied

Der deutsche Schriftsteller Theodor Fontane hörte auf seiner Schottlandreise 1859 einen ähnlichen Spottvers auf die Mönche der Melrose Abbey und übersetzte diesen so:

Und sie hatten vom besten schottischen Kohl
Alle Freitag auf ihrem Teller
Und taten an Braten und Bier sich wohl
Aus ihrer Nachbarn Keller.

THEODOR FONTANE, *aus »Jenseit des Tweed«*

Originalküche im Hause Burns, Fotografie zu Beginn des 20. Jhdts.

Der schottische Dichter Allan Ramsay (1686–1758), einer der poetischen Vorbilder für Robert Burns, würdigte den Kohl auf folgende Weise:

For me, I can be weel content,
To eat my bannock on the bent,
And kitchen't wi' fresh air;
O' lang kail I can mak' a feast,
And cantily haud up my crest
And laugh at dishes rare.

Es gibt für mich nichts Schöneres,
Wenn ich mein Brot im Freien ess',
Mit Luft dazu, würzig und frisch;
Als Festmahl kocht im Topf der Kohl,
D'rauf bin ich stolz, ich fühl mich wohl
Und lach' über diesen kargen Tisch.

Allan Ramsay, *aus »The Tea-Table Miscellany«*

Und in einem anderen Gedicht fasste Allan Ramsay die Bedeutung von Kohl in folgende ironische Worte:

Although my father was nae laird,
'Tis daffin to be vaunty,
He keepit aye a gude kail-yaird,
A ha' hoose and a pantry.

Obwohl mein Vater kein Gutsherr war
– Was für ein dummes Gejammer –,
Besaß er ein Kohlgärtlein sogar,
Und Wohnzimmer und Speisekammer.

ALLAN RAMSAY, *aus »The Tea-Table Miscellany«*

Kohl (bzw. Wirsing) wurde auf die verschiedensten Arten zubereitet, meist mit Hafermehl oder Gerstenmehl, selten mit Fleisch. Als einfachste Art ist *Water Kail* bekannt, eine Suppe, die nur aus Wasser, Kohl und Hafermehl bestand. Wer sich zusätzlich Pfeffer, Salz und Sahne leisten konnte, wird *Green Kail*, *Pan Kail* oder *Lenten Kail* gekocht haben. Nach Marian McNeill erfolgt die Zubereitung folgendermaßen:

Man gibt in einen Topf so viel Wasser, dass das Gemüse vollständig bedeckt ist, entfernt jedoch vorher die starken Stiele der Blätter. Man lässt das Wasser leicht, nicht zugedeckt kochen, seiht die Flüssigkeit ab und schneidet die Blätter klein oder passiert sie durch ein Sieb. Dann bestreut man sie mit Hafermehl, gibt die gesamte Brühe wieder in den Topf, fügt etwas Sahne sowie Pfeffer und Salz je nach Geschmack hinzu, rührt um, kocht alles für wenige Minuten und serviert die Suppe mit dünnen Haferkeksen.

Barley Kail aus Hammelknochen, Gerstenmehl, Wirsingblättern und Lauch oder *Kilmeny Kail* aus Kaninchenfleisch, gepökeltem Schweinefleisch und Wirsing wird Robert Burns wohl selten auf den Tisch bekommen haben. Von *Muslin Kail* (*muslin* wahrscheinlich im Sinne von »dünn«) aus Wirsing, geschälter Gerste und Zwiebeln berichtete der Dichter jedoch in einem Brief an einen Freund:

I'll sit down o'er my scanty meal,
Be't water brose or muslin-kail,
Wi' cheerfu' face.
As lang's the muses dinna fail
To say the grace.

Ich sitz' vor meinem kargen Mahl,
Sei's Wassersuppe oder Kohl,
Mit heiterem Blick.
Ist es den Musen dabei wohl,
Dank' ich dem Glück.

Robert Burns, *»Epistle to James Smith«*

Wie wichtig Kohl für die Ernährung in Schottland war, zeigt sich auch in vielen Märchen. Eines davon, in dem sogar in Königshäusern Kohl verspeist wird, beginnt so:

> Es waren einmal ein König und eine Königin, die hatten drei Töchter. Als der König starb, lebte die Königin mit ihren Mädchen in einem kleinen Haus. Sie hatten eine Kuh und pflanzten Kohl an. Aber merkwürdigerweise, kaum war der Kohl gediehen, verschwand das Grünzeug über Nacht. Die älteste Tochter sagte zu ihrer Mutter, sie wolle Wache halten und sehen, was mit ihrem Kohl geschähe. Als die Nacht hereinbrach, setzte sie sich hinter einen Busch und beobachtete den Garten.
> Bald darauf stieg ein gewaltiger Riese über den Zaun und begann damit, einen Kohlkopf nach dem anderen abzuschneiden und in einen Korb zu werfen. Da nahm das Mädchen allen Mut zusammen und stellte den Riesen zur Rede, was ihm denn einfiele und warum er das mache, der Kohl gehöre ihm nicht. Und weil sie nicht still war und weiterhin den Riesen beschimpfte, warnte er sie und sagte: »Halt deinen Mund, sonst nehme ich dich mitsamt dem Kohl zu mir nach Hause!«
> Das Mädchen gab aber nicht nach, sodass der Riese sie schließlich packte, zu dem Kohl in seinen Korb warf und dann mit ihr davonging …

Und das ist erst der Anfang des Märchens.

Bill o' Fare
On a bank of flowers, in a summer day

Das Sommer-Menü

Cold Coffsky

Sea Bass on a Cauliflower duo

Apple & Blackberry Tart

Cold Coffsky

Seebarsch mit Zweierlei vom Blumenkohl

Apfel-Brombeeren-Tarte

Cold Coffsky

3 doppelt gefrostete Eiswürfel in einem gekühlten Glas (Tumbler)
1 Espresso
2 cl Whisky (z.B. Special Single Malt Karamell, Whiskydestillerie J. Haider)
6 cl kalte Milch
Orangenzeste

Für diese Kreation sollte eine Kaffeemischung mit einem hohen Arabica-Anteil verwendet werden. Die fruchtige Säure des Kaffees ergänzt sich optimal mit einem Malzwhisky mit schönen Kaffee-Karamell-Aromen und leicht fruchtigen Komponenten. Je nach Belieben kann der Cold Coffsky auch in einem Shaker gemixt werden. Ideal für heiße Sommertage.

Seebarsch mit Zweierlei vom Blumenkohl
Sea Bass on a Cauliflower duo

Für das Blumenkohl-Carpaccio:
1 halber Blumenkohl
Olivenöl
1 Zitrone, unbehandelt
Meersalz, schwarzer Pfeffer aus der Mühle

Für die Blumenkohl-Teigkörbchen:
1 halber Blumenkohl
15 ml Sonnenblumenöl
2 Jungzwiebeln
2 Knoblauchzehen
25 g frischer Ingwer
½ rote Chilischote
je 1 TL mildes Currypulver, Kreuzkümmel, Koriandersamen, Madras-Currymischung
2 Blätter Filoteig (oder Strudelteig)
1 Ei
Butter

Für den Seebarsch:
600 g Seebarsch-Filets
Salz
50 g Butter

Mit den Blumenkohl-Teigkörbchen beginnen: Den Ofen auf 180 °C Ober-/Unterhitze vorheizen. Den halben Blumenkohl in Würfel schneiden, Jungzwiebel, Knoblauchzehen und den Ingwer fein hacken. Die Chilischote von den Kernen befreien und ebenso fein hacken. Die Gewürze in einem Mörser zerstoßen. Eine Pfanne mit Sonnenblumenöl auf mittlerer Hitze erwärmen. Zwiebel und Knoblauch für etwa 4 Minuten anbraten. Ingwer und Chili mit dem Gewürze-Mix dazugeben. Nun den Blumenkohl in die Pfanne geben und alles für etwa 5 Minuten durchrösten. Vom Herd nehmen und auskühlen lassen.
Den Filoteig vorsichtig auseinanderfalten und in passende Quadrate schneiden. Eine Muffinform mit geschmolzener Butter auspinseln und die Vertiefungen mit den Teigquadraten auskleiden. Die Füllung gleichmäßig auf die Körbchen verteilen und leicht festdrücken. Die Teigränder mit Wasser einstreichen. Die Körbchen mit dem überhängenden Teig verschließen. Die Teigoberfläche mit dem verquirlten Ei einstreichen und im vorgeheizten Backofen ca. 25 Minuten backen.
Für das Carpaccio den Blumenkohl in hauchdünne Scheiben schneiden. Auf einem Teller anrichten. Mit Zitronensaft und Olivenöl beträufeln. Mit Meersalz und frisch gemahlenem schwarzem Pfeffer würzen. Etwas Zitronenzeste darüber verteilen.
Die Seebarsch-Filets mit Salz würzen. Butter in einer Pfanne schmelzen und die Filets auf der Hautseite 2 bis 3 Minuten braten. Den Herd ausschalten, die Filets wenden und etwa 1 bis 2 Minuten auf der Resthitze belassen.
Die Filets neben dem Carpaccio anrichten, 1 bis 2 Teigkörbchen dazugeben.

Der Whiskytipp zum Hauptgang: Robert Burns Single Malt Whisky, Isle of Arran Distillery, 40 % Vol.

Apfel-Brombeeren-Tarte
Apple & Blackberry Tart

Für den Teig:
500 g glattes Weizenmehl (Type 405, 550)
100 g Puderzucker
250 g Butter
2 Eier
Prise Salz
Schale einer Zitrone

Für die Füllung:
500 g Äpfel, geschält und in Spalten geschnitten
80 g Rohrzucker
100 g Brombeeren
1 TL Zimt
50 g Butter

Ofen auf 180 °C vorheizen. Mehl, Zucker und Salz in eine Schüssel sieben, darauf die Zitronenschale reiben. Nun mit der Butter verkneten, bis der Teig krümelig ist. Zum Schluss die beiden Eier beigeben und alles zu einem Mürbteig verarbeiten. Diesen eine Stunde im Kühlschrank ruhen lassen.
Die Äpfel und Brombeeren mit dem Zucker und dem Zimt vermengen. Zwei Drittel des Teiges ausrollen und eine eingefettete Tarteform damit auslegen. Überhängende Teigstücke wegschneiden. Das Früchtegemisch darauf verteilen und kleine Butterstückchen obenauf legen. Das letzte Teigdrittel ebenfalls rund ausrollen und die Füllung damit abdecken. Den Deckel mit der unteren Teigschicht am Rand zusammenkleben und mit Ei bestreichen. An einigen Stellen einstechen, damit der Dampf entweichen kann.
Bei 180 °C ca. 40 Minuten backen.

»WIE IM HOCHLAND EINEN EMPFANG ...«

Cha'n fhiach cuirm gun a còmhradh.
Ohne Freunde ist ein Essen nichts wert.

Gälisch-schottischer Spruch

Bei den alten Schotten galt es als ehrlos, seine Haustüre verschlossen zu halten. Sie sollte immer offen stehen, damit »der Fremde kommen und seine gewohnte Seele behalten kann«. Eine freie und offene Gastfreundschaft, die grundlegende Bedingung einer Gesellschaft, hat sich in Schottland, besonders in den Highlands, länger erhalten als in anderen Ländern Europas. Ein Absolvent aus Cambridge, Fynes Moryson, der Schottland 1598 besuchte, berichtete, dass es keine regulären beschilderten Gasthäuser gibt, dafür aber private Haushalte die Reisenden versorgen.

John Taylor, bekannt als »The Thames Waterman« oder »water poet«, publizierte 1618 eine »mittellose Wallfahrt oder geldlose Durchwanderung« Schottlands, vollkommen angewiesen auf die Gastfreundschaft der Bevölkerung. Überall, wo er in Schottland hinkam, wurde er großzügig bewirtet und mit Geld versorgt. Verglichen mit England fand er dieses Verhalten im »Geburtsland der Hungersnöte« äußerst ungewöhnlich.

Thomas Pennant, ein walisischer Naturwissenschafter, bereiste Schottland 1769 und 1772 und beschrieb die Highlander als einfache Leute mit außerordentlich guten Manieren, ausgestattet mit Stolz und Neugierde und außerordentlich in ihrer Gastfreundschaft.

I saw a stranger yestreen;
I put the food in the eating place,
Drink in the drinking place,
Music in the listening place,
And, in the sacred name of the Triune,
He blessed myself and my house,
My cattle and my dear ones.
And the lark said in her song,
Often, often, often,

Goes the Christ in the stranger's guise;
Often, often, often,
Goes the Christ in the stranger's guise.

Ich sah einen Fremden gestern;
Ich stellte Speisen auf den Tisch,
Getränke auf den Tisch,
Spielte Musik bei Tisch;
Im Namen der heiligen Dreifaltigkeit
Segnete er mich und mein Haus,
Mein Vieh und meine Lieben.
Und die Lerche sang in ihrem Lied,
Oft, oft, oft,
Geht Christus in fremdem Kleid;
Oft, oft, oft,
Geht Christus in fremder Gestalt.

Alte gälische Runeninschrift, rekonstruiert von Kenneth Macleod

Selbst für einen möglichen Feind unter dem eigenen Dach galten in früheren Zeiten die Gesetze der Gastfreundschaft. So war es nicht üblich, einen Fremden nach Namen und Beruf zu fragen, bevor nicht ein Jahr und ein Tag verflossen war.

Walter Scott (1771–1832), mit Robert Burns und Robert Louis Stevenson Teil des Dreigestirns am literarischen Himmel Schottlands, schrieb in einer Notiz zu einem seiner Romane:

> Der letzte Akt ritterlicher Gastfreundschaft wurde vor dem Haus auf der Wiese aufgeführt. Bei jedem Haus war eine gemauerte Plattform, der sogenannte *loupin'-on stone*. An diesem konnten Reisende ihr Pferd anbinden und wurden mit *doch-an-doruis* oder *stirrup-cup*, einer Schale heißen Getränks oder mit einem Schluck Bier versorgt. Dieser Trunk aus einer Holzschale mit zwei ohrenförmigen Henkeln ist auch als *bonalay* bekannt …

WALTER SCOTT, *aus »The Pirat«*

Marian McNeill sieht in der traditionellen und lang gepflegten privaten Gastfreundschaft einen Grund für das verzögerte Entstehen einer Wirtshaus- und Restaurantkultur in Schottland.

Nicht nur in den Highlands war Gastfreundschaft oberstes Gebot

Robert Burns unternahm 1787 drei Touren durch die Highlands. Er war dort vor allem an der traditionellen Musik und an den Liedern der Bewohner interessiert. Viele der gesammelten Lieder, zu denen Burns auch neue Texte verfasste, sind in den Bänden des »Scots Musical Museum« sowie in der »Select Collection of Original Scottish Airs« erschienen. Die Gastfreundschaft der Leute im Hochland dürfte auch ihn, den aus dem Flachland kommenden Poeten, nachhaltig beeindruckt haben:

When death's dark stream I'll ferry o'er –
A time that surely shall come –
In heaven itself I'll ask no more
Than just a Highland welcome!

Wenn ich den dunklen Fluss mal quer' –
Vielleicht dauert's nicht mehr lang –
Erwart' ich im Himmel mir als Gruß,
Wie im Hochland einen Empfang!

Robert Burns, *»Epigram On Parting With A Kind Host In The Highlands«*

Auf seiner zweiten Tour durch das Hochland kam Burns auch in den Nordsee-Ort Bucky und hörte dort ein Lied auf die Strandwirtin Lady Onlie, gesungen von den Landarbeitern der nahe gelegenen Thorniebank-Farm. Es war das Erste der Lieder in der Sammlung des »Scots Musical Museum«, für die Burns einen neuen Text geschrieben hat:

A' the lads o' Thorniebank,
When they gae to the shore o' Bucky,
They'll step in and tak a pint
Wi' Lady Onlie, honest Lucky.

All' die Burschen von Thorniebank,
Die auf den Strand von Bucky geh'n,
Schaun herein und trinken ein Bier
Bei Lady Onlie, oh wie schön.

Lady Onlie, honest Lucky,
Brews gude ale at shore o' Bucky;
I wish her sale for her gude ale,
The best on a' the shore o' Bucky!

Lady Onlie, oh wie schön,
Braut gutes Bier am Strand von Bucky;
Ich wünsche ihr weiter gutes Bier,
Das beste am Strand von Bucky!

Her house sae bien, her curch sae clean
I wat she is a daintie chuckie.
And cheery blinks the ingle-gleed
O' Lady Onlie, honest Lucky!

Ihr Haus ist fein, die Servietten rein,
Sie ist die beste aller Feen.
Und munter flackert's im Kamin
Von Lady Onlie, oh wie schön!

ROBERT BURNS, *»Lady Onlie, Honest Lucky«*

Gastlichkeit und Gastfreundschaft widerspiegeln sich auch in den unzähligen Festtagen und Festivitäten, die seit jeher in Schottland zelebriert werden. Grund für ein Fest mit entsprechendem Essen gab es bei denen, die es sich leisten konnten, nicht nur bei einer Geburt, bei der Taufe und bei den ersten Zähnen eines Kindes, bei Hochzeiten und bei Begräbnissen, sondern, regional unterschiedlich, rund um das ganze Jahr und zum Teil bis heute:

Der 1. Januar, der *New Year' Day*, wurde mit verschiedenen Broten, Kuchen, Käse, Puddings und Orangen begangen. Am 5. Januar, genannt *Twelfth Night*, kam ein *Twelfth Cake*, ein Pflaumenkuchen mit einer eingebackenen Münze auf den Tisch. Der erste Montag im Januar, *Auld Handsel Monday*, wurde mit *Gudebread*, verschiedenen Broten und Kuchen, gefeiert. Schließlich wurde der 25. Januar, der Geburtstag von Robert Burns, mit einem *Burns Supper* bzw. einer *Burns Night* und dem traditionellen *Haggis* festlich begangen.

Am 1. Februar, dem *St. Bride's Day* oder *Candlemas Eve*, gab es vor allem im Hochland verschiedene *Bannocks*.

Im März oder April, je nachdem, wurde *Fastern's E'en* oder *Shrove Tuesday* mit einem gebratenen Hahn, diversen Broten oder Hochzeitskuchen, in denen ein Ring versteckt war, gefeiert. Ebenfalls in dieser Zeit, eine Woche vor dem Palmsonntag, wurde der *Car Sunday* mit *Carlings*, gekochten Erbsen, begangen. Zu Ostern, *Pasch* oder *Easter*, gab es Ostereier, Osterkuchen oder Pasteten aus Hühnerfleisch.

Zu *Beltane*, dem 1. Mai, wurden spezielle *Beltane Bannocks* aus Hafermehl und *Beltane Caudle* serviert, ein Getränk aus Reis- oder Weizenmehl, aufgelöst in Milch, Wasser oder Bier.

Am 9. Juni, dem *St. Columba's Day*, gab es auf den Hebriden einen speziellen Kuchen mit einer Münze darin. Am *Lammas Day*, dem 1. August, mussten an die Grundbesitzer die Abgaben entrichtet werden. Zu diesem Anlass wurden spezielle *Lammas Bannocks* zubereitet.

Zu *Michaelmas* am 29. August gab es vor allem auf den Hebriden den traditionellen Kuchen *Struan Micheil* oder *St. Michael's Cake*.

Am 18. Oktober, dem *St. Luke's Day*, wurde in der Region um Rutherglen ein *Sour Cake* aus Hafermehl, Wasser, Zucker, Anis und Zimt gebacken. Zum Erntedankfest, dem *Harvest Home* im Oktober, gab es *Crowdie* oder *Meal and Ale*, einen Brei aus Hafermehl, Milch, Sirup, Whisky und Bier, in dem, wie zu vielen anderen Anlässen, ein Ring versteckt wurde. Zu *Halloween* am 31. Oktober kamen *Buttered Sowans*, eine Art Pudding aus Wasser, feinstem Hafermehl, Salz und Sahne, oder auch Kartoffelbrei sowie Äpfel und Nüsse auf den Tisch.

Am 1. November wurde *Hallowmas* mit speziellen *Bannocks* oder mit Ingwerkuchen gefeiert. Zum 11. November, zu *Martinmas*, gab es *Haggis* sowie *Black Pudding* aus Schweine- oder Ochsenblut, Nierenfett, Hafermehl, Milch, Zwiebeln und Gewürzen oder *White Pudding* aus Kutteln und Rinderfett. Am *St. Andrew's Day* oder *Anermas* am 30. November wurde ein *Sheep's Head*, ein Schafskopf, oder *Haggis* zubereitet.

In den *Daft Days*, der Zeit zwischen dem 24. Dezember und dem ersten Montag im Jahr, dem *Auld Handsel Monday*, gab es wie bereits erwähnt, verschiedene Brote und Kuchen. *Yule* oder *Christenmas* am 25. Dezember wurde mit speziellen Weihnachtssuppen und Weihnachtsbroten, mit Hafermehlpudding, Gänsepasteten (später mit Truthahn) und mit *Plum Pudding* gefeiert.

When merry Yule-day comes, I trow,
You'll scantlins fin' a hungry mou;
Sma' are our cares, our stamacks fou
O' gusty gear,
An' kickshaws, strangers to our view,
Sin' fairn year.

Kommt Weihnachten, so glaube ich,
Gibt's kaum einen leeren Mund,
Klein sind die Sorgen, die Bäuche rund,
Oh, wunderbar!,
So Feines war fremd bis zu dieser Stund',
Seit letztem Jahr.

Robert Fergusson, »*The Daft Days*«

Zu *Hogmanay*, dem feierlichen Jahresende am 31. Dezember, gab es Brot und *Kebbuck* oder *Caboc* – ein Käse aus angereicherter Kuhmilch (siehe S. 21) – und *Atholl Brose*, eine Süßspeise aus Hafermehl, Wasser, Sahne, Heideblütenhonig und Whisky, sowie Kuchen und vielleicht Orangen.

Bill o' Fare
Farewell to the Highlands

Das Highlander-Menü

Wild Duck Paté with Elderberry Jelly

Highland Venison Wellington

Oat Cakes with a Scottish Cheese-Mix

Wildentenpastete mit Holundergelee

Hirschsteak »Highland Wellington«

Haferkekse mit schottischem Käse-Mix

Wildentenpastete mit Holunderbeerengelee
Wild Duck Paté with Elderberry Jelly

Für das Holunderbeerengelee:
500 g frische Holunderbeeren
50 ml Wasser
500 g Gelierzucker 1:1
Zimt, Kardamom
1 EL Zitronensaft, frisch gepresst

Für die Pastete:
2 Wildentenbrüste
Erdnussöl
185 g Bauchspeck, gewürfelt
300 g Leber von der Wildente
2 TL Salz, schwarzer Pfeffer aus der Mühle
Muskatnuss
275 ml Double Cream (Crème double, 45 %)
4 Eigelbe
40 ml Brandy
50 g Sultaninen

Holunderbeeren waschen und entstielen, mit Wasser weich kochen und durch ein Haarsieb passieren, das Fruchtmark mit Gelierzucker, den Gewürzen nach Geschmack und Zitronensaft vermischen und unter Rühren zum Kochen bringen, 4 Minuten sprudelnd kochen, heiß in kleine Einmachgläser füllen und sofort verschließen.
Vorbereitung für die Pastete am Vortag: Den Backofen auf 240 °C vorheizen. Die Entenbrüste mit dem Öl einreiben, salzen und pfeffern und im Ofen etwa 15 Minuten braten. Dann herausnehmen und über Nacht auskühlen lassen.
Tags darauf den Ofen auf 190 °C vorheizen. Speck, rohe Leber und Gewürze in einem Mixer zu einer cremigen Paste verarbeiten. Dann Eigelbe und Brandy beifügen und nochmals 30 Sekunden mixen. Die Creme durch ein Sieb passieren und in einer Schüssel mit den Sultaninen verrühren.
Die Entenbrüste in feine Würfel schneiden. Zu der Lebercreme und den Sultaninen geben und gut durchmischen. Die Masse in eine Terrinenform füllen und mit Alufolie bedecken. Im Backofen im Wasserbad 40–50 Minuten garen. Vor dem Servieren sollte die Pastete etwa 4 Stunden kühl ruhen. In fingerdicke Scheiben schneiden und mit Toast und dem Holunderbeerengelee anrichten.

Hirschsteak »Highland Wellington«
Highland Venison Wellington

1 kg Hirschrücken
2 EL Rapsöl
schottischer Senf mit Whisky
6 blanchierte Wirsingblätter
250 g Esskastanien, vorgekocht
etwas Double Cream (Crème double, 45 %)
500 g fertiger Blätterteig
2 Eigelbe
Salz, Pfeffer

Für die Portweinsauce:
1 Schalotte
1 TL Butter
1 Bund Thymian
300 ml Portwein
600 ml Hühnerfond

Den Hirschrücken im Rapsöl auf beiden Seiten in einer heißen Pfanne scharf anbraten.
Aus der Pfanne nehmen und rundherum mit dem Senf einstreichen. Ruhen lassen.
Die Kastanien zerdrücken, mit der Double Cream zu einer Paste vermischen und mit Salz und Pfeffer würzen.
Die Wirsingblätter nebeneinander auf eine Folie legen und in der Mitte den Hirschrücken platzieren. Die Kastanienpaste über dem Hirschfleisch gleichmäßig verteilen und die Wirsingblätter darüber einschlagen. Zu einem kompakten Paket formen und in den Kühlschrank stellen.
Den Blätterteig aus der Packung nehmen, ausrollen und mit einem verquirlten Eigelb bestreichen. Das Fleischpaket aus der Folie nehmen und komplett in Blätterteig einschlagen. Überstehenden Teig abschneiden. Alles erneut in Folie einwickeln und für eine Stunde ins Gefrierfach geben.
Anschließend den Backofen auf 220 °C vorheizen. Den Hirsch »Wellington« aus der Folie nehmen und den Teig mit dem restlichen verquirlten Eigelb bestreichen. Den Hirsch auf einem mit Backpapier belegten Blech in den Ofen schieben, 20 Minuten backen (das Fleisch ist dann *medium*

rare, well done ist es bei 30 Minuten). Wenn der Teig zu braun werden sollte, die Hitze dementsprechend reduzieren.
Währenddessen die Portweinsauce zubereiten: Die Schalotte fein schneiden und in der Butter mit dem Bund Thymian im Ganzen anschwitzen. Mit dem Portwein ablöschen und auf zwei Drittel der Menge reduzieren. Dann den Hühnerfond beifügen und wiederum auf zwei Drittel reduzieren. Wenn die Konsistenz sirupartig wird, den Thymian herausnehmen.
Zum Anrichten den Hirsch »Wellington« in etwa 4 cm dicke Scheiben schneiden. Auf jedem Teller je zwei Scheiben anrichten und die Portwein-Sauce daneben platzieren.

Der Whiskytipp zum Hauptgang: Loch Lomond 18 Jahre, 46% Vol.

Haferkekse mit schottischem Käse-Mix
Oat Cakes with a Scottish Cheese-Mix

450 g Hafermehl
1 TL Soda oder Backpulver
100 g gesalzene Butter
250 ml Wasser
verschiedene Käsesorten (siehe S. 21)

Den Backofen auf 180 °C vorheizen. Mehl mit Backpulver versieben. Warmes Wasser und die Butter so lange mit dem Mehl verkneten, bis ein fester Teig entsteht. Den Teig ausrollen, runde Kekse ausstechen und diese ca. 25 Minuten backen. Sie sollten leicht hellbraun sein.
Beim Anrichten verschiedene Käse-Toppings darauf platzieren.

»MIT EINEM LORD ZU SPEISEN ...«

Der karge Speiseplan der verarmten schottischen Landbevölkerung zu Robert Burns' Zeiten war nicht zu vergleichen mit der Vielfalt und Raffinesse von Speisen und Getränken, die dem Adel, der weltlichen und kirchlichen Obrigkeit, den Großgrundbesitzern, den aus zunehmender Industrialisierung reich gewordenen Fabriksherren und den wohlhabenden Händlern und Stadtbürgern zur Verfügung standen. Der Dichter und seine Familie hatten fast immer um das tägliche Brot zu kämpfen, auch als Burns schon ein berühmter und verehrter Mann und kurzfristig zu etwas Geld gekommen war. Durch seine Besuche in Edinburgh und das Zusammentreffen mit angesehenen und betuchten Zeitgenossen hat Robert Burns auch hin und wieder die Bekanntschaft mit lukullischen Tafelfreuden gemacht.

Als Burns 1786 zur Präsentation seines Buches »Poems Chiefly in the Scottish Dialect« nach Edinburgh kam und als »Caledonia's Bard« gefeiert wurde, war er ein gern gesehener Gast in den Häusern der Edinburgher Gesellschaft. Die Küche in Edinburgh war damals im gesamten Land berühmt, vor allem wegen fränzösischer Einflüsse, die Reisende in die Edinburgher Gesellschaft »mitgebracht« hatten. Der starke Einfluss der französischen auf die schottische Küche bestand schon seit den Zeiten der politischen *Auld Alliance* – einem Bündnis von Franzosen und Schotten gegen England. Einer der Propagandisten französischer Küche im Edinburgh des 18. Jahrhunderts war der Philosoph und Historiker David Hume. Er kehrte nach langen Auslandsaufenthalten 1769 nach Edinburgh zurück, um seinen Lebensabend als Gastronom in seiner Heimatstadt zu verbringen. Humes elegante Dinners und geistreiche Suppers waren Ereignisse im gesellschaftlichen Leben der Stadt, seine *Soupe à la Reine* war berühmt.

Robert Burns war zu jung, um bei David Hume zu tafeln, als er jedoch in Edinburgh weilte und bei Freunden zum Dinner geladen war, lernte er bei dieser Gelegenheit Lord Daer, den weitgereisten, liberalen und fortschrittlichen Ideen sehr aufgeschlossenen Earl of Selkirk, kennen. Das Gespräch mit dem Lord und die Atmosphäre des Dinners hat den Poeten zu einem mehrteiligen Gedicht veranlasst:

This wot ye all whom it concerns,
I, Rhymer Robin, alias Burns,
October twenty-third –
A ne'er-to-be-forgotten-day –
Sae far I spackl'd up the brae,
I dinner'd wi' a Lord.

Dies ist für jeden, der's versteht,
Ich, Robin alias Burns, Poet,
23. Oktober, auf Reisen –
Ein Tag mit unvergessenem Verlauf –
So hoch stieg ich den Hügel 'rauf,
Mit einem Lord zu speisen.

Robert Burns, *»On Dining With Lord Daer«, 1. Strophe*

Welche Speisen Robert Burns zu solchen Anlässen serviert bekam, ist unbekannt. Walter Scott jedoch beschreibt in »The Bridge of Lammermore« ein aristokratisches Dinner-Menü um 1700, das so aussah:

Als ersten Gang gab es Kapaun in weißer Sauce, geröstetes Zicklein und Schinken mit Garnierung. Im zweiten Gang wurden gerösteter Junghase, Krebse in Butter und Kalbspastete serviert. Im dritten Gang kamen schwarzes schottisches Moorhuhn, Tarte, Flan, Süßigkeiten, Pflaumen, Äpfel und Birnen auf den Tisch.

Im selben Buch gibt Scott eine Beschreibung der Vorbereitungen zum Besuch eines Marquis in einem Lowland-Dörfchen und spricht von Delikatessen, die seiner eigenen Generation völlig unbekannt waren. Niemals zuvor wurden so viele Kapaune, fette Gänse und anderes Geflügel geschlachtet, niemals gab es solch ein Zubereiten von geröstetem Lamm, niemals wurden so viele Eierkuchen, süßes Teegebäck, Kuchen und Kekse gebacken.

1784 berichtete der aus Frankreich angereiste Weinkenner und Weinbeauftragte des französischen Königs, Faujas de Saint-Fond, von einem Essen beim Duke of Argyll, den verschiedenen Gängen und Nachspeisen, alle ausgezeichnet zubereitet wie in Frankreich, in der gleichen Vielfalt und Reichhaltigkeit. Es gab delikate Wasservögel, exzellenten Fisch und Gemüse, welches den schottischen Gärtnern alle Ehre mache:

»Nach dem Dessert verschwanden die Tischtücher und Servietten und der Mahagoni-Tisch war voll mit großartigen Karaffen, gefüllt mit den allerbesten Weinen, Porzellanvasen und Kristallschüsseln voll Kon-

Noble Herren waren dem Dichter so manches Spottgedicht wert

fekt, wunderbaren Körben mit verschiedenen Früchten, die man in solch einem kühlen Klima nicht vermuten würde ...«, schreibt Faujas de Saint-Fond enthusiastisch, nicht ohne zu bemängeln, dass der Kaffee immer schwach und bitter sei und ihm sein feines Aroma fehle.

Anlässlich eines feierlichen Dinners bei einem Lord Stair war die Speisekarte, die *Bill o' Fare*, noch umfangreicher:

Der erste Gang bestand aus schottischer Fleischbrühe, Steinbutt, gebratenem Lachs, Schafsklöpsen, Taubenpastete, gebratenem Huhn und Lamm sowie französischen Bohnen. Im zweiten Gang gab es Pilze, Erbsen, Hummer, süßes Brot und Kirschtorte. Zum Dessert wurden Erdbeeren und Kirschen, Mandel- und Zitronencreme sowie Gelee und Konfekt serviert.

Robert Burns machte auf seiner ersten Tour durch die Highlands 1787 auf indirekte Weise Bekanntschaft mit dem Duke of Argyll, allerdings auch schlechte Erfahrungen mit der gepriesenen Gastfreundschaft: Am nördlichsten Punkt dieser Reise, in Inveraray, angelangt, wollte Burns den anstrengenden Tag auf dem Pferd mit einem ordentlichen Mahl beschließen, daraus wurde jedoch nichts. Der Duke gab im nahegelegenen Schloss einen Empfang und der Wirt des Ortes war damit beschäftigt, die hohen Herrschaften zu bewirten. Burns musste hungrig zu Bett gehen und schrieb am nächsten Morgen übel gelaunt folgende Zeilen auf die Fensterscheibe des Wirtshauses:

Whoe'er he be that sojourns here,
I pity much his case,
Unless he comes to wait upon
The Lord their God – his Grace.

Wer jemals hier gewartet hat,
Ist zu bedauern in hohen Graden,
Der lernte Geduld, bis gesättigt war
The Lord, *ihr* Gott – Iro Gnaden.

There's naething here but Highland pride,
And Highland scab and hunger;
If Providence has sent me here,
'Twas surely in an anger.

Hier gibt's nichts außer Hochland-Stolz,
Und Hochland-Mist und leeren Magen;
Wenn's Schicksal mich hat hergeführt,
Dann nur mit Unbehagen.

Robert Burns, *»Epigram At Inveraray«*

Ein anderer Reisender, Samuel Johnson, war erstaunt über den hohen Lebensstandard auf den Hebriden. »Ich vergaß zu fragen«, schrieb er, »wie sie zu solch exotischem Luxus kommen. Wahrscheinlich liefern ihnen die Franzosen Wein für Wolle, die Holländer liefern ihnen Tee und Kaffee als Provision während der Fischfangsaison. Ihr Handel ist unbehindert, da sie keine Zölle bezahlen, es gibt keine Beamten, die sie dazu auffordern würden …«

Die Händler von Inverness konnten diesen »exotischen Luxus« erklären: Einer von ihnen, John Stuart, ein geehrter, gebildeter und im sozialen Leben der Highlands integrierter Mann, hinterließ zwischen 1715 und 1752 Berichte in Briefform, meist an seine Agenten und Handelsvertreter. Neben seiner einheimischen Handelstätigkeit mit Hafermehl und anderen Gütern exportierte er große Mengen von haltbar gemachtem Fisch, wie z.B. *code fish muded* – Stockfisch ohne Gewürze in Fässern gepökelt – nach Frankreich, Spanien, Italien, Holland und Schweden. Und er importierte eine Vielzahl von Gütern, von Holz, Glas und Eisen bis Seide und Musselin, Tee und Kaffee, Rosinen und Gewürze, Orangen und Limonen sowie Fässer mit Brandy und Wein. Letztere tauschte er für Heringe mit den Gutsherren der Highlands.

Auch wenn Robert Burns manchmal an den Tischen wohlhabender Leute saß, seine bäuerliche Herkunft, seine ständige ökonomische Notlage und seine Solidarität mit den Armen dieser Welt hat er nie verleugnet. In einem seiner bekanntesten Gedichte drückt er seine Abneigung gegen Prunk und Angeberei so aus:

What tho' on hamely fare we dine,
Wear hoddin-gray, an' a' that;
Gie fools their silks, and knaves their wine,
A man's a man for a' that.
For a' that, an' a' that,
Their tinsel show, and a' that;
The honest man, tho' e'er sae poor,
Is king o' men for a that.

Wenn karg auch unser Mahl mag sein,
Grau unser Rock, auch deswegen;
Gönnt Narren Seide, Schurken den Wein,
Mensch bleibt Mensch, auch deswegen.
Deswegen, deswegen
Ist Flitter nichts, auch deswegen;
Ein ehrlicher Mensch, so arm er sei,
Ist König, allein auch deswegen.

Robert Burns, *»For A' That And A' That«, 2. Strophe*

Bill o' Fare
For Auld Lang Syne

Das Festtagsmenü

A Glass of Champagne & fresh Oyster on Arrival

Butternut Squash Soup with Pumpkin Seed Oil

Roastit Bubble-Jock

Cream-Crowdie

Cheeseboard

Zur Begrüßung Champagner mit frischen Austern

Kürbiscremesuppe mit Kürbiskernöl

Weihnachtstruthahn

Cream-Crowdie

Käseplatte

Zur Begrüßung Champagner mit frischen Austern
A Glass of Champagne & fresh Oyster on Arrival

4 frische Austern
4 Gläser Champagner

Die frischen Austern öffnen und im eigenen Saft lassen. Mit Zitrone auf Eis anrichten. Die besten Austern in Schottland gibt es auf den Austernbänken im Firth of Forth.
Dazu reicht man ein Glas Champagner.

Kürbiscremesuppe mit Kürbiskernöl
Butternut Squash Soup with Pumpkin Seed Oil

150 g Kartoffeln, geschält und in Würfel geschnitten
150 g Butternut-Kürbis, geschält und in Würfel geschnitten
400 ml Gemüsebrühe
Meersalz und schwarzer Pfeffer aus der Mühle
1 TL Olivenöl
Kürbiskernöl (womöglich steirisches)
Kürbiskerne

Den Butternut-Kürbis und die Kartoffeln in einer tiefen Pfanne 5 Minuten in Olivenöl anschwitzen. Gemüsebrühe hinzufügen, die Pfanne abdecken und alles köcheln lassen, bis das Gemüse weich ist.
Die Suppe pürieren, bis sie cremig ist; mit Salz und Pfeffer abschmecken. Die Suppe anschließend mit dem Kürbiskernöl und den Kürbiskernen (diese vorher kurz trocken rösten) dekorieren.

Weihnachtstruthahn
Roastit Bubble-Jock

1 Truthahn (3,5 kg)

Für die Füllung:
125 ml Milch
75 g Brotwürfel oder alte Brötchen
1 Stange Sellerie
1 kleine Zwiebel
75 g Esskastanien
300 g Hühnerleber
1 kleiner Bund Petersilie
1 Prise Muskat
250 g Wurstbrät
5 ml Worcestershiresauce

60 g Butter
500 ml warmes Wasser
Salz und schwarzer Pfeffer aus der Mühle

Für die Sauce:
2 EL Johannisbeergelee

Den Backofen auf 180 °C vorheizen. Sellerie, Zwiebel, Esskastanien, die Hälfte der Hühnerleber und die Hälfte der Petersilie fein hacken. Mit der Milch, den Brotwürfeln und der Muskatnuss in eine Rührschüssel geben. Das Wurstbrät, die restliche Petersilie und die Worcestershiresauce in einer weiteren Schüssel gut vermischen und würzen.
Den Truthahn innen und außen gut abspülen und trocken tupfen, anschließend mit Salz und Pfeffer würzen. Den Truthahn nun mit der Sellerie-Kastanien-Masse von hinten füllen und die Öffnung mit Rouladenspießen oder einem Kochfaden verschließen. Die Wurstbrät-Mischung am Hals in den Truthahn füllen und ebenfalls gut verschließen. Den Truthahn mit der Brust nach oben im Backofen auf den Rost über einem tiefen Backblech platzieren. Wasser, den Hals des Truthahns und die restliche Hühnerleber auf das Backblech legen.

Die Butter schmelzen und den Truthahn damit bestreichen. Gute 2 Stunden braten, ab und an mit Bratensaft übergießen. Truthahn aus dem Ofen nehmen und auf eine Platte heben. 10 Minuten zugedeckt ruhen lassen. Den Bratensaft mit der restlichen Leber und dem Johannisbeergelee in einen kleinen Topf füllen. Bei starker Hitze auf die Hälfte einkochen, bis sich ein dünner Film bildet. Die Sauce durch ein Sieb streichen und zum Truthahn servieren.

Variante:
Als Verfeinerung können statt der Hühnerleber auch frische Austern für die Brotfüllung verwendet werden.

Der Whiskytipp zum Hauptgang: Tobermory Manzanilla Finish 12 Jahre, 46,3% Vol.

Cream-Crowdie

4 EL Haferflocken (davon 2 EL als Dekoration)
250 ml Schlagsahne
40 ml Heidekrauthonig
20 ml Whisky
500 g Erdbeeren

Die Haferflocken in einem kleinen Topf bei niedriger Hitze leicht anrösten und dann gut auskühlen lassen.
Die Sahne in einer Schüssel steif schlagen, den Honig und den Whisky unterheben. Mit einem Metalllöffel die abgekühlten gerösteten Haferflocken untermischen. Erdbeeren und Obers gleichmäßig in hohe Dessertgläser schichten, wobei die Sahne die letzte Schicht bildet. Zwei Stunden kühl stellen, dann zur Dekoration mit den restlichen Haferflocken bestreuen und servieren.

Variante:
Anstatt der Erdbeeren können auch Himbeeren verwendet werden, und sollte man keinen Heidekrauthonig zur Hand haben, ist auch Kastanienhonig empfehlenswert.

Käseplatte
Cheeseboard

Eine Variation von verschiedenen schottischen Käsesorten (siehe S. 21). Sollte der Käsehändler diese Sorten nicht verfügbar haben, werden ähnliche Käsesorten sicherlich zu finden sein.

»OH, DORT WACHSEN LIMONEN, ORANGEN …«

Allgemein gesprochen, ist das schottische Klima für das Gedeihen von Früchten, mit Ausnahme von Beeren, nicht besonders vorteilhaft, stellt Florence Marian McNeill in ihrem Werk »The Scots Kitchen / Its Traditions and Lore with Old-Time Recipes« fest. In Schottland gab es seit dem Mittelalter dennoch eine Tradition des Obstanbaus, vor allem Äpfel und Birnen, aber auch Pflaumen, Pfirsiche und Kirschen sowie verschiedene Beerensorten wurden in den Klostergärten und auf den Grundstücken von Kirchengemeinden kultiviert.

Früchte werden im Hause Burns selten auf den Tisch gekommen sein. Die arme ländliche Bevölkerung kam bestenfalls ab und zu in den Genuss selbst gesammelter Beeren: wilde Erdbeeren und Himbeeren in den südlicheren und wilde Stachelbeeren und Blaubeeren in den nördlicheren Regionen. An den Tafeln der wohlhabenden Gesellschaft waren heimisch kultivierte Obst- und Beerenarten jedoch keine Ausnahme, auch exotische Früchte wie Orangen und Zitronen gab es, die aus südlichen Ländern importiert bzw. gegen Stockfisch und andere Güter aus Schottland eingetauscht wurden.

Zu den beliebtesten heimischen Obstsorten zählten seit jeher Pflaumen. Diese wurden oft gemeinsam mit anderen Früchten, mit Gewürzen und Fleisch zu *plum porridge* oder *plum pudding* verarbeitet. In den Zeiten, als Zucker, Gewürze und getrocknete Früchte noch aus anderen Ländern importiert wurden, konnten sich nur wohlhabende Leute, und auch die nur an Feiertagen wie z.B. Weihnachten, ein Festessen dieser Art aus Rinds- oder Kalbshachsen, gemischt mit Pflaumen, Rosinen, Korinthen, Nüssen, Muskat und Pfeffer leisten.

There the huge sirloin reeked; hard by
Plum-porridge stood, and Christmas pie;
Nor failed old Scotland to produce,
At such high tide, her savoury goose.

Dumfries, letzter Wohnort von Robert Burns

Da gibt's ein Stück Rindfleisch und nebenbei
Gibt's Weihnachtstorte und Pflaumenbrei;
Auch fehlt niemals, Alt-Schottland kann's,
Zur festlichen Zeit, eine schmackhafte Gans.

WALTER SCOTT, *aus »Marmion«*

Der Traum vieler Schotten von fremden Ländern hatte jedoch weniger mit dem Wunsch nach süßen Früchten zu tun, die Emigration wurde vielmehr als einzige Möglichkeit gesehen, der bitteren Armut im eigenen Land zu entkommen. Ganze Generationen sind vor und nach Burns in die USA, nach Kanada, Australien, Neuseeland, Südafrika und in viele andere Länder ausgewandert, um dort ein besseres Leben zu finden. Robert Burns hatte auch solche Pläne. Befördert wurden diese dadurch, dass der Vater von Jean Armour die Verbindung seiner Tochter mit dem Dichter nicht billigte und »Rob Mossgiel«, wie sich der Dichter seit seiner Übersiedlung nach Mossgiel auch nannte, aufforderte, Sicherheit für den Unterhalt von Jeans damals noch ungeborenem Kind zu gewährleisten. Burns jedoch hatte kein Geld und nur die Wahl zwischen dem Gefängnis und der Flucht in ein fremdes Land. Er überließ seinen Anteil am Hof in Mossgiel seinem Bruder Gilbert und investierte die Einkünfte von neun Guineen aus seinem ersten Buch in eine Schiffspassage nach Jamaika, zu den *Indies*, wie der karibische Raum zu dieser Zeit hieß. Zum Abschied von seinen Freunden und als Abgesang auf sich selbst, dem armen schottischen Bauern und Poeten, verfasste er folgendes Gedicht:

A' ye wha live by sowps o' drink,
A' ye wha live by crambo-clink,
A' ye wha live and never think,
Come, mourn wi' me!
Our billie's gi'en us a' a jink,
An' owre the sea.

Die ihr da lebt von Bier und Brei,
Die ihr da lebt von Dichterei,
Ihr, die ihr euch nichts denkt dabei,
Beklagt das Malheur!
Mit unser'm Freund ist's jetzt vorbei,
Er ist über's Meer.

To tremble under Fortune's cummock,
On a scarce a bellyfu' o' drummock,
Wi' his proud, independent stomach,
Could ill agree;
So, row't his hurdies in a hammock,
An' owre the sea.

Nur zittern unter des Glücks Befehl,
Immer nur Brei oder Suppe aus Mehl,
Im Magen stolz und nur frei in der Kehl',
So konnt' er nicht mehr;
Er packte den Seesack und ohne Gequäl',
Ist er über's Meer.

Farewell, my rhyme-composing billie!
Your native soil was right ill-willie;
But may ye flourish like a lily,
Now bonilie!
I'll toast you in my hindmost gillie,
Tho' owre the sea!

Leb wohl, mein Vers- und Reimgefährt'!
Deine Seele war den Schmerz nicht wert;
Doch wachsen sollst du unbeschwert,
Das wünsch' ich sehr!
Einen Whisky auf dein Wohl geleert,
Du, über'm Meer!

ROBERT BURNS, *»On A Scotch Bard Gone To The West Indies«, 1., 7. und 10. Strophe*

Zu der Zeit, als Robert Burns in Ayrshire aufwuchs, war diese Region eines der Zentren der Konfitüren- und Geleeherstellung. Früher ein Privileg der wohlhabenden Häuser wurden Beeren nun auch in den Kohlgärten der ärmeren Bevölkerung gepflanzt. Durch den Ausbau der Handelsbeziehungen in den karibischen Raum sowie zu südeuropäischen Ländern kamen auch nach und nach Zucker aus Zuckerrohr und exotische Früchte ins Land.

Orangenkonfitüre soll überhaupt eine schottische Erfindung des frühen 18. Jahrhunderts sein, die ersten Rezepte zur Verarbeitung von Orangen zu Konfitüre stammen aus Dundee, der Hafenstadt am Tay:

Man nimmt gleiche Teile von Zucker und Sevilla-Orangen, reinigt und schält die Orangen (die Schalen der Orangen ergeben mit Zucker gekocht eine ausgezeichnete Beilage zu Reis, Vanillesaucen oder Puddings). Die Orangen werden quer durchgeschnitten und der Saft wird über einem feinen Sieb ausgepresst. Nun wird das Fruchtfleisch aus den Häuten geschabt und die Kerne werden entfernt. Die Häute werden sorgsam gekocht. Danach wird das Wasser gewechselt, um bitteren Geschmack zu verhindern. Nach dem Erkalten werden die groben weißen und faserigen Teile der Häute entfernt, dann, damit es rasch geht, jeweils drei oder vier Häute gemeinsam in kleine Stücke geschnitten. Der Zucker wird mit Eiweiß von einem halben Ei oder weniger geklärt und mit einem Viertelpint Wasser pro Pfund Zucker zu Sirup verkocht. Anschließend werden die Hautstücke, das Fruchtfleisch und der Saft hinzugefügt. Nach zehn Minuten Kochzeit werden Saft und Schalen von zwei Limonen für jedes Dutzend Orangen beigegeben. Weitere zwanzig Minuten kochen und den Schaum abschöpfen.

Orangenkonfitüre wurde zu geröstetem Schwein, zu Ente, Gans oder zu heißem Lammfleisch serviert; mit gebuttertem Haferkuchen, braunem Brot oder Weizenkeksen war dies oft der Abschluss eines Frühstücks.

Auswandern zu den *Indies* bzw. nach Jamaika wollte Robert Burns allerdings nicht mit der schwangeren Jean Armour, seiner späteren Ehefrau, sondern mit Margaret »Mary« Campbell, einer anderen Liebschaft. Burns hat Mary in vielen anderen Liedtexten als »Highland Lassie« oder »Highland Mary« besungen, obwohl sie wie er aus den Lowlands stammte:

Will ye go to the Indies, my Mary,
And leave auld Scotia' shore?
Will ye go to the Indies, my Mary,
Across th' Atlantic roar?

Kommst' mit nach Jamaika, Mary,
Fort von Schottlands Küsten?
Kommst' mit nach Jamaika, Mary,
Über'n Atlantik, den wüsten?

O sweet grows the lime and the orange,
And the apple on the pine;
But a' the charms o' the Indies
Can never equal thine.

Oh, dort wachsen Limonen, Orangen
Und die süßen Ananasfrücht',
Doch der Zauber im fernen Jamaika,
Zählt für mich ohne dich einfach nicht.

ROBERT BURNS, *»Will Ye Go To The Indies« 1. und 2. Strophe*

Robert Burns wollte also im Herbst 1786 nach Jamaika (Westindien) auswandern. Jedoch hat sich Burns zeit seines Lebens nie wirklich eingeschifft, obwohl er es mehrmals in Briefen an seine Freunde angekündigt hatte.

Nach dem überraschenden Erfolg seines Buches gab Burns seine Auswanderungspläne nach Jamaika gänzlich auf. Im Herbst 1786 gebar Jean Armour Zwillinge und Burns verließ etwas später zu Pferd Mossgiel, um Edinburgh zu besuchen, wo man ihn als »Caledonia's Bard« feierte.

Bill o' Fare
On A Scotch Bard,
Gone to the West Indies

Das Karibik-Menü

West Indies Curry

Jamaican Spiced Chicken with Rum

Whisky Fruit Loaf

Curry »Westindische Inseln«

Jamaikanisches Würzhähnchen mit Rum

Früchtebrot

Curry »Westindische Inseln«
West Indies Curry

100 g Kartoffeln
100 g Süßkartoffeln
300 g Hokkaido-Kürbis
2 Karotten
1 rote Paprikaschote
100 g grüne Stangenbohnen
1 rote Chilischote (z.B. Scotch Bonnet), entkernt
1 große Zwiebel
1 Jungzwiebel

Zum Würzen und Braten:
2 EL Kokosnussöl
4 Pimentkörner
2–3 TL Currypulver
1 EL Thymian
3 Knoblauchzehen
2 EL Limettensaft
1 TL Garam Masala
Meersalz
100 ml Wasser, heiß
200 ml Kokosmilch
1 EL frischer Ingwer

Karotten putzen, in feine Streifen schneiden, Paprikaschote waschen, ebenfalls in Streifen schneiden und beides in einer Schüssel vermischen. Kartoffeln, Süßkartoffeln und Hokkaido schälen (beim Kürbis muss das nicht unbedingt sein) und würfelig schneiden. Die Pimentkörner mörsern. Die Chilischote, beide Zwiebelsorten, den Knoblauch und den Ingwer fein schneiden. In einer Pfanne das Kokosnussöl erhitzen, die geriebenen Pimentkörner dazugeben. Die Zwiebeln leicht glasig anschwitzen und den Thymian drüberstreuen. Dann das Currypulver darunterrühren, kurz braten lassen, sämtliches Gemüse sowie Knoblauch, Chili und Ingwer dazugeben, umrühren, etwas anbraten und mit dem heißen Wasser ablöschen. Die Kokosmilch beifügen und alles zugedeckt auf kleiner Flamme 20 Minuten dünsten lassen. Das Gemüse sollte bissfest bleiben. Limettensaft einrühren. Garam Masala untermischen, mit Meersalz abschmecken und sofort servieren.

Jamaikanisches Würzhähnchen mit Rum

Jamaican Spiced Chicken with Rum

4 große Hähnchenschenkel
1 EL brauner Rum
2 Zwiebeln
3 Knoblauchzehen
3 getrocknete Chilischoten
1 EL brauner Rohrzucker
1 TL getrockneter Thymian
2 EL Pimentkörner
1 Lorbeerblatt
Salz und schwarzer Pfeffer aus der Mühle

Für die Sauce:
1 EL Öl
1/4 l Ananassaft
3 EL Ananaskonfitüre
2 EL Worcestershiresauce
Tabascosauce

Den Backofen auf 200 °C Ober- und Unterhitze vorheizen. Zwiebeln und Knoblauch schälen, fein schneiden und mit den Chilis, Zucker und Thymian im Mixer pürieren. Pimentkörner, Lorbeer und eine Prise Salz im Mörser fein zerreiben, zum Püree geben. Mit Salz und Pfeffer abschmecken. Die Hähnchenschenkel waschen, trocken tupfen, mit der Hälfte der Paste einreiben. Das Fleisch für 45 Minuten in einem Bräter in den Backofen geben. 10 Minuten vor Ende der Zeit mit dem Rum übergießen, damit die Haut knusprig wird.
Für die Sauce in einem Topf das Öl erhitzen und die übrige Paste bei mittlerer Hitze 5 Minuten dünsten. Ananassaft und -konfitüre unterrühren, offen bei schwacher Hitze 10 Minuten garen. Mit Worcestershiresauce, Tabasco, Salz und Pfeffer pikant abschmecken und auskühlen lassen. Die Hähnchenschenkel mit der Ananassauce servieren. Dazu passt ein Paprika-Bohnen-Reis oder Süßkartoffelpüree.

Der Whiskytipp zum Hauptgang: Balvenie Caribbean Cask 14 Jahre, 43% Vol.

Früchtebrot

Whisky Fruit Loaf

170 g Rosinen
170 g Sultaninen
170 g Korinthen
250 ml Wasser
115 g Butter
140 g Zucker
3 Eier
280 g Mehl
1 TL Backpulver
2 TL Lebkuchengewürz
3 EL Orangenkonfitüre
30 g Mandelblättchen
115 g kandierte Kirschen, gehackt
115 g Orangeat
3 EL Whisky
Butter für die Form

Den Ofen auf 180 °C vorheizen. Die Rosinen, Sultaninen, Korinthen, Wasser, Butter und Zucker in eine Pfanne geben und langsam erhitzen, bis die Butter geschmolzen ist. Abkühlen lassen, die restlichen Zutaten zugeben und die Masse gut durchkneten.
In eine gebutterte Kastenform füllen. Ca. 1 Stunde bei 180 °C backen. Das fertige Früchtebrot soll dunkelbraun sein. 30 Minuten abkühlen lassen und dann auf ein Kuchengitter stürzen.

»WAS WÄR' ICH OHNE MEIN LÄMMCHEN ...«

Die Schafzucht war in Schottland seit jeher der wichtigste Zweig der Viehwirtschaft. Die meisten Bauern besaßen jedoch keine großen Herden, sondern hielten Schafe nur für den Eigenbedarf an Wolle und Milch. Verspeist wurde ein Lamm oder Schaf bestenfalls zu den höchsten Feiertagen. Während des Jahres kam Lamm- oder Schaffleisch nur dann auf den Tisch, wenn Tiere an der »Geißel der Schafzucht« *braxy*, d.h. an Abraxie oder Labmagenpararauschbrand, verstorben waren.

Die Nationalspeise der Schotten war und ist *Haggis*, ein mit Innereien gefüllter Schafsmagen, den sich die ärmeren Schichten auch nur selten leisten konnten (siehe dazu das Kapitel zum *Burns Supper*).

Für Hunderte von Jahren eine bevorzugte Speise aller Schichten war *Gellied sheep's heid*, ein gelierter Schafskopf, der sowohl an den Tafeln des Adels wie auch in vielen Landgasthöfen auf der Speisekarte zu finden war. Besonders am *St. Andrew's Day*, dem 30. November, wurde gerne ein Schafskopf verzehrt. Robert Burns hat diese Speise in einem seiner Tischsprüche gewürdigt:

O Lord, when hunger pinches sore,
Do Thou stand us in stead,
And send us from Thy bounteous store
A tup or wether head!

Herrgott, wenn uns der Hunger quält,
Zeig' dich verschwenderisch,
Schick' uns von deinem Himmelszelt
Einen Schafskopf auf den Tisch!

ROBERT BURNS, *»Grace At The Globe Tavern«, 1. Strophe*

Wie ein gelierter Schafskopf zubereitet wurde, hat Marian McNeill in ihrem Werk über die schottische Küche folgendermaßen beschrieben:

Man säubert den Schädel sorgfältig und legt ihn über Nacht in kaltes gesalzenes Wasser ein. Danach wird der Schädel abgetrocknet, nochmals in einen Topf mit kaltem Wasser gelegt, und es werden sechs Pfefferkörner, zwei Gewürznelken, zwei Bund Petersilie und ein Zweig Thymian hinzugefügt. Das Ganze wird langsam zum Kochen gebracht, sorgfältig abgeschöpft und je nach Größe und Alter des Schafs zwei bis drei Stunden gekocht. Wenn sich das Fleisch leicht vom Knochen lösen lässt, nimmt man den Schädel heraus und kocht die Flüssigkeit weiter, bis diese auf ein Pint reduziert ist. Dann entfernt man das Fleisch vom Schädel, häutet die Zunge und hackt beides in feine Stücke. Man gibt einen Esslöffel Gelatine in die Flüssigkeit, seiht diese in eine Schüssel und rührt Fleisch und die Zunge dazu. Kurz bevor die Masse fest wird, rührt man nochmals um und gießt sie in eine angefeuchtete Kochform. Ein halbes Pfund geschnittener Speck kann in der Flüssigkeit mit Fleisch und Zunge mitgekocht werden. Wenn der Schafskopf nach alter Art abgesengt wurde wie für eine Suppe, sind keine anderen Gewürze außer Pfeffer und Salz notwendig.

Das richtige Absengen des Schafskopfes war offenbar eine wichtige Voraussetzung für das Gelingen der Zubereitung, wie Robert Burns' Zeitgenosse und Vorbild, der Poet Robert Fergusson, feststellte:

A gude sheep's heid,
Wha's hide was singeit, never fleed.

Ein Schafskopf, der ist gut beinand',
Ist die Haut noch d'ran, doch's Fell verbrannt.

ROBERT FERGUSSON, *aus »Poems«*

Burns hielt auf den Farmhöfen, die er als Pächter bewirtschaftete, selbst Schafe. Wie für viele andere *crofter,* also Kleinbauern, war ein eigenes Lamm oder Schaf ein äußerst wertvolles Gut. Die Furcht, das Tier könnte an einer Krankheit verenden bzw. von einem Wolf oder streunenden Hund gerissen werden, war daher mehr als berechtigt:

What will I do gin my Hoggie die?
My joy, my pride, my Hoggie!
My only beast, I had nae mae,
And vow but I was vogie!
The-lee-lang night we watch'd the fauld,
Me and my faithfu' doggie;
We heard nocht but the roaring linn,
Amang the braes sae scroggie.

Schafe waren auch auf der Farm von Burns zugegen und fast so etwas wie Familienmitglieder

Was tu' ich, wenn mein Lämmchen stirbt?
Meine Freud', mein Stolz, mein Lämmchen!
Kein and'res Tierchen hab' ich sonst,
Was wär' ich ohne mein Lämmchen!
Die ganze Nacht hab' ich gewacht,
Mein Hündchen tat's auch gerne,
Wir hörten nur den Wasserfall
Und Nachtwind aus der Ferne.

But the houlet cry'd frae the castle wa',
The blitter frae the boggie;
The tod reply'd upon the hill,
I trembled for my Hoggie.
When day did daw, and cocks did craw,
The morning it was foggie;
An unco tyke, lap o'er the dyke,
And maist has kill'd my Hoggie!

Dann schrie die Eul' vom alten Schloss,
Die Schnepfe drüben vom Hang;
Der Fuchs am Berg gab Antwort d'rauf,
Um's Lämmchen war mir bang.
Der Tag begann, es kräht' der Hahn,
Nur Nebel, kein Morgenrot;
Ein Tier mit Klau'n sprang über'n Zaun,
Fast biss es mein Lämmchen tot!

Robert Burns, *»My Hoggie«*

Als sein Lieblingsschaf Mailie eines Tages doch stirbt, fasste Robert Burns seinen Schmerz über diesen Verlust in einem Klagegedicht in folgende Worte:

Lament in rhyme, lament in prose,
Wi' saut tears trickling down your nose;
Our Bardie's fate is at a close,
Past a' remead!
The last, sad capestane o' his woes;
Poor Mailie's dead!

Jammerprosa, Klagegedicht,
Salzige Tränen im ganzen Gesicht;
Euer Bard' ist am End' seiner G'schicht,
In Schmerz und in Not!
Das letzte Kapitel schafft er wohl nicht;
Die arme Mailie ist tot!

Robert Burns, *»Poor Mailie's Elegy«, 1. Strophe*

Die Borderlands, die Grenzregion zu England, waren bekannt für ihre ausgezeichneten *mutton-hams*. Die Lammstücke wurden sorgfältig in Salz mit ein wenig grobem Zucker und noch weniger Salpeter drei Wochen in der Lake gepökelt und für Monate im Kamin eines Schäfers aufgehängt. Je nach Bedarf und Größe wurden die Lammstücke dann etwa eine Stunde gekocht und waren damit essfertig.

Das Leben der Schafhirten, die oft alleine oder mit Familie fernab von Siedlungen ihrem Beruf nachgingen, hat Burns in seinen Gedichten ebenfalls beschrieben. In einem dieser mehrstrophigen Texte wirft Burns in humorvoller Weise einen Blick auf die Speisen, die bei den Hirten so auf den Tisch kamen. Die Frau des Schäfers kann ihren Mann aber weder mit dem ewigen dicken Haferbrei, noch mit anderen Speisen von den Weidegründen nach Hause locken, sondern nur mit der Aussicht auf eine romantische Nacht:

The sheperd's wife cries o'er the knowe,
»Will ye come hame, will ye come hame?«
The sheperd's wife cries o'er the knowe,
»Will ye come hame again e'en, jo?«

Die Frau vom Schäfer ruft durch's Tal:
»Wann kommst du denn, kommst du denn?«
Die Frau vom Schäfer ruft durch's Tal:
»Wann kommst du denn nach Hause, Schatz?«

»O, what will ye gie me to my supper,
Gin I come hame, gin I come hame,
O, what will ye gie me to my supper,
Gin I come hame again e'en, jo?«

»Was servierst du mir denn heute Nacht,
Wenn ich komm', wenn ich komm'?
Was servierst du mir denn heute Nacht,
Wenn ich dann zu Haus bin, Schatz?«

»A luving wife in lily-white linens,
Gin ye'll come hame, gin ye'll come hame,
A luving wife in lily-white linens,
Gin ye'll come hame again e'en, jo.«

»Eine Frau im Nachthemd lilienweiß,
Wenn'st zu Hause bist, zu Hause bist,
Eine Frau im Nachthemd lilienweiß,
Bekommst du dann zu Hause, Schatz!«

»Ha, ha, how! that's something that dow,
I will come hame, I will come hame;
Ha, ha, how! that's something that dow,
I will come hame again e'en, jo.«

»Juchee, juchee, das klingt nach was,
Da komm' ich gleich, komm' ich gleich;
Juchhe, juchhe! Das klingt nach was,
Da komm' ich jetzt sofort, mein Schatz.«

Robert Burns, *»The Sheperd's Wife«, 13.–16. Strophe*

Es ist kein Wunder, dass Lämmer und Schafe auch in den schottischen Erzählungen oft vorkommen, ihre natürlichen Feinde Fuchs und Wolf ebenso. Das Märchen von »Mac Iain Direach« ist ein gutes Beispiel dafür: Der von seiner Stiefmutter verfluchte Königssohn Mac Iain Direach begegnet dem Fuchs Gillie Mairtean, der dem Verzweifelten in der Folge hilft und ihn zum Essen einlädt:

> »Ich habe zwar selber nur ein Hammelbein und einen halben Schafskopf, aber damit werden wir uns begnügen müssen.« Sie zündeten ein Feuer an und brieten das Hammelbein und den Schafskopf. Während sie aßen, erzählte Mac Iain Direach, was ihn bedrückte, und anschließend legten sie sich schlafen.
>
> Am nächsten Morgen wusste der Fuchs eine Lösung und Mac Iain Direach tat danach. Leider widerfuhr dem Königssohn ein Missgeschick dabei und er saß wieder in der Patsche. So traf ihn der Fuchs und sagte: »Du kommst zu keiner guten Stunde mit hängendem Kopf. Ich habe zwar selber nur ein Hammelbein und einen halben Schafskopf, aber damit werden wir uns begnügen müssen.« Sie zündeten ein Feuer an, brieten das Fleisch, aßen, und bevor sie sich zum Schlafen hinlegten, erzählte Mac Iain Direach von seinem Unglück.
>
> Am nächsten Morgen wusste der Fuchs eine Lösung. Der Königssohn machte sich auf, sie umzusetzen, doch in letzter Minute passierte ein Malheur. So traf ihn der Fuchs wieder und sagte …
>
> Das wiederholte sich so lange, bis Mac Iain Direach endlich alles richtig machte, eine Königstochter heiratete und ein großes Reich sein eigen nannte.
>
> Er wollte sich beim Fuchs bedanken und bot ihm an, er dürfe aus seiner Herde Schafe holen, so viele er wolle, wann immer er wolle. Da sagte der Fuchs: »Behalte deine Herde. Es gibt noch andere, die Hammel und Schafe haben. Warum sollte ich ausgerechnet dich schädigen?«
>
> Der Fuchs ging von dannen und damit hatte auch das Märchen ein Ende.

Bill o' Fare
Bring Autumn's pleasant weather

Das Herbst-Menü

Roasted Saddle of Venison with Ceps

Saddle of Lamb with Whisky-Moustard-Sauce

Apple Strudel

Marinierter Hirschrücken mit Steinpilzen

Lammrücken mit Whisky-Senfsauce

Apfelstrudel

Marinierter Hirschrücken mit Steinpilzen
Roasted Saddle of Venison with Ceps

500 g Hirschrücken, ausgelöst

Für die Marinade:
150 ml trockener Sherry
150 ml Austernsauce
2 EL Worcestershiresauce
2 Knoblauchzehen
1 halbe Fenchelknolle
40 g frischer Ingwer
150 g brauner Zucker
75 g Meersalz
2 Stangen Zitronengras

Für die Pilze:
240 g große frische Steinpilze
Olivenöl
Fleur de Sel und schwarzer Pfeffer aus der Mühle
Parmesan, frisch gehobelt

Den Hirschrücken von Fett und Sehnen befreien, beiseite legen. Knoblauch leicht andrücken, Fenchel in Streifen schneiden, Ingwer in Scheiben schneiden. Alles mit dem Sherry, der Austern- und Worcestershiresauce sowie Zucker, Meersalz und Zitronengras im Ganzen kurz aufkochen lassen. Die Marinade in ein längliches Gefäß gießen. Den Hirschrücken in die Marinade einlegen und über Nacht im Kühlschrank ziehen lassen.
Tags darauf das Fleisch aus der Marinade nehmen und trocken tupfen. Das Fleisch in einer heißen Pfanne in Olivenöl rundherum scharf anbraten und aus der Pfanne heben. Den Hirschrücken kurz ruhen lassen, mit einem scharfen Messer in sehr feine Scheiben schneiden und diese auf den Serviertellern anrichten.
Die frischen Steinpilze ebenfalls in sehr feine Scheiben schneiden und gleichmäßig über das Fleisch verteilen. Mit feinem Olivenöl beträufeln und mit Fleur de Sel und frisch gemahlenen Pfeffer würzen. Zum Abschluss etwas Parmesan darüberhobeln.

Lammrücken mit Whisky-Senf-Sauce

Saddle of Lamb with Whisky-Moustard-Sauce

800 g Lammrücken, ausgelöst
je 2 Zweige Thymian und Estragon
2 EL Estragonsenf
2 Knoblauchzehen
10 ml vom begleitenden Whisky
200 ml Sahne
50 g Butterschmalz
je 1 TL Salz und Pfeffer, frisch gemahlen

Für die Beilage:
700 g Kartoffeln, gekocht, geschält und gewürfelt
120 g Walnüsse, grob gehackt
60 g Butter
125 ml vom begleitenden Whisky
30 g Zucker
2 EL Zitronensaft
je 1 TL Salz und Pfeffer

Mit der Beilage beginnen: Butter in einer großen Pfanne schmelzen und die Kartoffelwürfel unter ständigem Rühren dünsten. Restliche Zutaten einrühren und zugedeckt einige Minuten köcheln lassen. Anschließend den Deckel entfernen und die restliche Flüssigkeit verdunsten lassen. Das Fleisch abspülen und trocken tupfen. In einer Pfanne Butterschmalz erhitzen, je einen Zweig frischen Thymian und Estragon sowie den Knoblauch beigeben. Das Lamm beidseitig (pro Seite etwa 4 Minuten) scharf anbraten und anschließend in Alufolie gewickelt ruhen lassen. Thymian- und Estragonzweig aus der Bratpfanne nehmen. Den Bratensatz mit dem Whisky ablöschen, den Senf beifügen und den Bratensatz loskochen. Mit der Schlagsahne verfeinern und evtl. passieren. Den restlichen Thymian und Estragon klein hacken und der Sauce beigeben. Auf mittlerer Hitze etwas reduzieren.

Der Lammrücken wird in Scheiben geschnitten und mit der Sauce und der Beilage serviert.

Der Whiskytipp zum Hauptgang: Highland Park Dragon Legend, 43,1% Vol.

Apfelstrudel
Apple Strudel

Für den Teig:
200 g glattes Mehl (Type 405, 550)
125 ml Wasser, lauwarm
1 EL Öl
1 Ei, getrennt
1 Schuss Essig
1 Prise Salz

Für die Füllung:
1,5 kg Äpfel säuerlich, geschält, blättrig geschnitten
100 g geriebene Mandeln
50 ml Whiskylikör
1 TL Zimt
1 EL Vanillezucker

Den Backofen auf 220 °C vorheizen.
Das Mehl zu einem Kegel aufhäufen. In der Mitte eine Kuhle bilden, das Eiweiß, die Prise Salz, Öl, Essig und das Wasser dazugeben und zu einem glatten Teig verkneten. 30 Minuten ruhen lassen. Den Teig auf einer gefetteten Arbeitsplatte ausrollen und anschließend mit den Handrücken so dünn wie möglich ausziehen.
Äpfel mit Mandeln, Whiskylikör und Vanillezucker vermengen und gleichmäßig auf dem Teig verteilen. Die seitlichen Ränder und das untere Viertel aussparen. Den Zimt drüberstreuen. Den Strudel vorsichtig einrollen, die Enden zusammendrücken und alles mit dem Eigelb bestreichen. Im Ofen bei 220 °C etwa 40 Minuten goldgelb backen.

»STIEHLST IN CARLISLE EINE KUH ...«

In Schottland gab es schon in vorgeschichtlicher Zeit hornlose und kurzhornige schwarze und rotbraune Rinderrassen. Die erste historische Beschreibung der Tiere stammt vom römischen Dichter Livius um 200 v. Chr. Die Römer schätzten das vorzügliche Fleisch dieser Rinder, die als einzige Lebewesen den Hadrianswall, der die römische Provinz Britannia vom wilden Caledonia im Norden trennte, ungehindert passieren durften.

Obwohl sie ausgezeichnete Rinder hatten, waren die Schotten früherer Zeiten keine großen Rindfleischesser. Der Engländer Edward Burt, bekannt unter dem Namen Captain Burt, der beauftragt war, die Highlands zu erkunden, Militärstraßen zu bauen und die Highlander zu entwaffnen, berichtete 1726 in »Letters from the North of Scotland« nach London, dass das kleine Hochlandrind äußerst schmackhaft sei, von der armen Bevölkerung jedoch ausschließlich zu *Martinmas,* zu Ehren des Hl. Martin am 11. November, gegessen werde. Ein Zusammenhang mit dem Festtag des Heiligen wird von anderen Chronisten allerdings in Zweifel gezogen: Zu dieser Jahreszeit mussten Tiere geschlachtet werden, einfach aufgrund der kargen Futterlage und *mart* ist nichts anderes, als das gälische Wort für Kuh.

Das berühmte englische *roast beef* kam seit jeher vom schottischen Rind und erzielte auf den Londoner Märkten Höchstpreise. Eine groß angelegte Züchtung von Rindern setzte allerdings erst in der zweiten Hälfte des 19. Jahrhunderts ein. Seit damals ist das *Aberdeen Angus* aus dem Osten Schottlands eine der weltweit bekanntesten Rinderrassen. Bekannt ist auch das *Galloway*-Rind, das im schottischen Südwesten sehr erfolgreich gezüchtet wird.

Aus dem südwestlichen Ayrshire, wo Robert Burns zur Welt kam, stammt außerdem eine andere wichtige Rinderrasse, die sogenannte *Ayrshire Cow.* Burns und seine Familie werden Rinder und Kühe zwar oft zu Gesicht, jedoch kaum als Fleisch auf den Teller bekommen haben. Dazu war die ständige Armut der Kleinbauern viel zu gravierend. Eine Kuh zu halten war nötig, um wenigstens Milch, Butter und Käse als Grundnahrungsmittel zu haben, als Schlachtvieh kam sie nicht in Frage. Deshalb spielen im Werk von Burns zwar Schafe und Lämmer eine Rolle, Rinder und Kühe aber kaum. In seinem »Wiegenlied aus dem Hochland« erwähnt der Poet allerdings eine »Carlisle-cow«, mit der es folgende Bewandtnis hat: Carlisle, die nördlichste englische Stadt an der Grenze zu Schottland, war besonders für die Highlander ein Symbol für die außerordentliche Schmach, unter der die Schotten zu leiden hatten. 1568 wurde Maria Stuart in Carlisle gefangen gehalten und 1745 wurde die Stadt zwar von der schottischen Armee unter Prinz Charles Edward Stuart beim Aufstand der Jakobiten, wie sich die Anhänger der Stuarts nannten, besetzt, jedoch in einer blutigen Schlacht von den Engländern endgültig zurückerobert. Kein Wunder also, wenn eine echte Hochlandmutter sich wünscht, dass ihr Söhnchen Donald später einmal im verhassten Flachland auf Raubzug gehen möge.

Hee Balou! My sweet wee Donald,
Picture o' the great Clanronald;
Brawlie kens our wanton chief
Wha got my wee Highland thief.

Schlafe süß, mein kleiner Donald,
Ebenbild des großen Ronald;
Hab' dich wie den Häuptling lieb,
Wirst wie er ein Hochlanddieb.

Leeze me on thy bonnie craigie,
An' thou live, thou'll steal a naigie,
Travel the county thro' and thro',
And bring hame a Carlisle-cow.

Blickst mich an mit Schelmenaugen,
Die zum Pferdestehlen taugen,
Ziehst durchs Land du ohne Ruh,
Stiehlst in Carlisle eine Kuh.

Thro' the Lawlands, o'er the Border,
Weel, my babie, may thou furder;
Herry the louns o' the laigh countrie,
Syne to the Highlands hame to me.

Das »Burns Cottage« mit dem Geburtshaus des Dichters in Alloway

Durch die Ebene, über die Grenz',
Brauchst dazu keine Lizenz,
Hetz' die Lümmel im flachen Revier,
Komm' ins Hochland dann heim zu mir.

Robert Burns, *»The Highland Balou«*

Im Hochland waren *Highland Beef Balls* als Frühstück oder Abendessen sehr beliebt. Wie diese zubereitet wurden, beschreibt Marian McNeill:

Man dreht zwei Pfund magere Rinderlende und ein Pfund Rindertalg durch den Fleischwolf und fügt einen Teelöffel schwarzen Pfeffer und die gleiche Menge Jamaikapfeffer, einen und einen halben Teelöffel Salz, einen Teelöffel Salpeter, Ingwer und einen halben Teelöffel gemahlene Gewürznelke dazu. Nach dem Durchmischen werden aus der Masse Bällchen geformt und diese mit gut zerlassenem Rindertalg bestrichen. Derart präpariert halten sich die Bällchen für eine Woche oder zehn Tage. Letztendlich werden sie in viel Fett braun gebraten. Danach können die Bällchen auch in Rinderhaut eingeschlagen längere Zeit aufbewahrt werden.

Auch im offenen Kamin geräucherte Würste aus Rindfleisch wurden gerne verzehrt. Als alte und früher in wohlhabenden Kreisen sehr geschätzte Speise sowie als Beispiel für den Einfluss der französischen Küche muss *Veal Flory* oder *Florentine Pie* erwähnt werden. Diese Art Pastete aus Kalbfleisch dürfte durch Maria Stuart über Paris aus dem Florenz der Medici nach Schottland gekommen sein und wurde in etwa folgendermaßen zubereitet: »Schneide hintere (gebratene) Rippenstücke oder Bruststücke vom Kalbfleisch, entferne die Knochen und würze die Stücke ausreichend mit verschiedenen Gewürzen und Kräutern je nach Geschmack. Gib einige Stücke mageren Speck und als Füllung gekochtes Eidotter oder heißes, geschnittenes Kalbsbries, Trüffeln, Sauerkirschen oder Pilze dazu. Füge etwas Bratensaft aus den Knochen und nach Belieben Austern oder Artischockenböden hinzu.«

Immer schon gerne gegessen wurden sogenannte *Black Puddings* aus Ochsen,- Schafs-, Gänse- oder Schweineblut. In Städten wie Edinburgh wurden *Puddings* in Pasteten- oder Wurstform sogar in den Straßen zum Verkauf angeboten:

Puddins a' hot, a' hot,
Pipin' hot, pipin' hot!
Hot or cold, they must be sold,
Puddins a' hot, a' hot!

Puddings so heiß, so heiß,
Siedend heiß, siedend heiß!
Heiß oder kalt, verkauft werden's halt,
Puddings so heiß, so heiß!

Alter Straßenruf aus Edinburgh

Schweinefleisch war in Schottland früher nicht besonders beliebt. Der Verzehr von Schweinen wurde lange Zeit geradezu verteufelt:

Bless the sheep for David's sake, he herdit sheep himsel';
Bless the fish for Peter's sake, he gruppit fish himsel';
Bless the soo for Satan's sake, he was yince a soo himsel'.

Lob' das Schaf, David zuliebe, denn Schafe hütete er selbst;
Lob' den Fisch, Petrus zuliebe, denn Fische fing er selbst;
Lob' die Sau, um Satans willen, denn eine Sau war er einst selbst.

Alter Spruch aus Galloway

Andererseits berichtete Captain Burt um 1730 in einem seiner Briefe nach London, dass sich die Leute in Aberdeen für den Winter mit gepökeltem Schweinefleisch eindeckten.

In der Heimatregion von Robert Burns, Ayrshire, gab es neben einer geschätzten Rinderrasse in späteren Zeiten auch Schweinezucht und eine äußerst beliebte Specksorte. Wie dieser *Ayrshire Bacon* zubereitet wurde, beschreibt die kulinarische Chronistin Marian McNeill:

Man mischt sechs Unzen Salz, eine Unze Salpeter und acht Unzen braunen Zucker in einer Schüssel. Dann wird diese Mischung auf das von den Knochen befreite Stück Schweinefleisch gerieben, insbesondere an den Stellen, wo die Knochen entfernt wurden. Das Stück wird in eine Pökelpfanne gegeben, nochmals mit der Mischung bestrichen und drei Tage an einem kühlen Ort aufbewahrt. Danach wird das Fleisch mit weißem Essig beträufelt und für einen Monat in einer Pökellake belassen, jedoch täglich gewendet. Nach dieser Zeit wird es für 24 Stunden aus der Lake genommen und danach an Schnüren in einem gut durchlüfteten Raum so lange aufgehängt, bis es ganz getrocknet ist. Es kann gekocht, gegrillt oder kalt serviert werden.

Möglicherweise hat Burns diese Art von Speck gemeint, als er das folgende doppeldeutige Gedicht verfasste. Der Dichter kehrte eines Tages in Brownhill, nicht weit von Dumfries, zum Essen ein und bekam *Bacon and Beans* serviert. Unter den Gästen im Wirtshaus war auch ein örtlicher Landlord namens Bacon, der, wie es seine Gepflogenheit war, ebenfalls dort dinierte:

At Brownhill we always get dainty good cheer,
And plenty of bacon each day in the year;
We've all things that's neat, and mostly in season;
But why always BACON? – come, give me the reason.

In Brownhill gibt's gute Laune, das ist wohl wahr,
Und ausreichend Speck, jeden Tag s' ganze Jahr;
Wir bekommen, was wir brauchen, zur richtigen Stund';
Aber warum immer BACON? Komm', sag mir den
Grund.

Robert Burns, *»Epigram on Bacon«*

Im Winter waren gepökeltes Rind bzw. Lamm sowie Wildhasen oder Kaninchen beliebt, denn Kaninchengehege gehörten zu jeder Ansiedlung.

Wenn auch Fleisch von der armen Bevölkerung in Schottland selten gegessen wurde, Produkte aus Kuh-, Schafs- oder Ziegenmilch standen häufig auf dem Speiseplan. Milch wurde nicht nur getrunken, sondern auch zu Buttermilch, Quark, Sahne und Käse verarbeitet.

Das raue Klima hatte im 15. Jahrhundert viele Clans und Kleinbauern in Sachen Käse zu Selbstversorgern werden lassen. Die Grundlagen für die Käseherstellung stammen vermutlich von den Wikingern und Iren. Als alte, typisch lokale Sorten waren früher u.a. Käse von der Isle of Coll auf den Inneren Hebriden und von den Orkney Islands bekannt. In Liberton, damals ein Vorort von Edinburgh, wurde ebenfalls ausgezeichneter Käse produziert und der Käse aus Buckholmside im südlichen Schottland, galt als der beste Schafmilchkäse.

Als einer der wichtigsten schottischen Käse gilt seit Langem der *Dunlop*. Dieser milde Hartkäse aus entrahmter Milch wurde im 18. Jahrhundert in Ayrshire, der Heimatregion von Robert Burns, hergestellt.

Doch zu den ältesten schottischen Käsesorten zählt der *Caboc*. Dieser Frischkäse ist aus labfreier Kuhmilch, mit Doppelrahm bzw. Sahne angereichert, und wird in gerösteten, grob gehackten Haferkörnern gerollt. Die Zubereitung geht auf eine gewisse Mariot de Ile zurück, die im 15. Jahrhundert von der Isle of Skye nach Irland floh, um einer Zwangsheirat zu entgehen. Bei ihrer Rückkehr nach Schottland brachte sie das Rezept mit, das von Generation zu Generation weitergegeben wurde.

Der *Caboc*, auch als *Kebbuck* bekannt, wurde in früheren Zeiten u.a. als *Crying Kebbuck* bei einem sogenannten *Kimmer's Feast* verzehrt. Dieses Fest wurde zu Ehren des ersten Schreis eines Neugeborenen begangen. Robert Burns erwähnt den Kebbuck in seinem Gedicht, das den Samstagabend eines Kleinbauern beschreibt:

The sowp their only hawkie does afford,
That 'yont the hallan snugly chows her cood:
The dame brings forth, in complimental mood,
To grace the lad, her weel-hain'd kebbuck, fell,
And aft he's prest, and aft he ca's it guid;
The frugal wifie, garrulous, will tell
How 'twas a towmond auld, sin' lint was i' the bell.

Das Nachtmahl kommt von der einzigen Kuh –
Die kaut genüsslich in der Nische ihr Heu –
Gut gelaunt kommt die Frau mit dem Kebbuck herbei,
Den sie aufbewahrt hat, ihrem Liebsten als Brauch,
Und schmeckt es ihm gut und fühlt er sich frei,
Dann plaudert die Hausfrau und erzählt sie ihm auch,
Wie sie früher nichts hatte, nur ihr Kindlein im Bauch.

ROBERT BURNS, *»The Cotter's Saturday Night«, 11. Strophe, Auszug*

Wie wunderbar Käse sein kann, steht in der Anmerkung zu dem schottischen Märchen von der »Elfenburg«: Ein Bauer hatte unbeabsichtigt eine Elfenburg zerstört, weil er die Steine benötigte. Die Rache der Elfen scheiterte daran, dass er Käse gegessen hatte. Eine unsichtbare Stimme schrie:

Ich kann ihn nicht töten,
die Erde nicht röten
mit seinem Blut!
Ich komm ihm nicht zu!
Die Milch seiner Kuh
wirkt in ihm zu gut.
Weil sie Sandkraut fraß
vom Hochlandgras,
ist er gefeit vor der Wut.

Das oben erwähnte »Sandkraut«, gälisch *mothan*, entweder Sandwurz oder Hundsveilchen, ist eine heilige Pflanze der Gälen. Dieses Kraut, auf einem hohen Berg gepflückt, wo noch kein Vieh geweidet hat, soll wundertätig sein. »Gib dieses Kraut einer Kuh und von der Milch dieser Kuh mache Käse und wer von diesem Käse isst, wird mit seinem ganzen Besitz gefeit sein gegen Elfen und ihren Zauber«, sagt der Volksglaube.

Bill o' Fare
O' coming Winter's biting, frosty breath

Das Winter-Menü

Scallops with Black Pudding on Mashed Peas

Roast Beef with Oyster Sauce & Rumbledethumps

Chou Pastry Donut filled with Whisky Cream

Irish Coffee

Jakobsmuscheln mit Blutwurst auf Erbsenpüree

Roastbeef mit Austernsauce und
Kartoffel-Grünkohl-Gratin

Brandteigkrapfen mit Whiskyfüllung

Irish Coffee

Jakobsmuscheln mit Blutwurst auf Erbsenpüree

Scallops with Black Pudding on Mashed Peas

4 Jakobsmuscheln
½ Blutwurst (4 Scheiben)
300 g Erbsen (tiefgekühlt)
Saft einer Zitrone
1 TL Kreuzkümmel
1 Knoblauchzehe
10 EL Olivenöl
Salz und schwarzer Pfeffer aus der Mühle

Die Erbsen so lange kochen, bis sie schön knackig sind. Mit kaltem Wasser abschrecken, damit sie ihre grüne Farbe behalten. Auf Küchenpapier trocknen lassen. Im Mixer (oder mit einem Pürierstab) mit dem Zitronensaft, Kreuzkümmel und dem Knoblauch pürieren. Langsam 8 Esslöffel Olivenöl untermischen, bis ein cremiges Püree entsteht. Abschließend würzen.

2 Esslöffel Olivenöl in einer heißen Pfanne erhitzen und darin die Blutwurstscheiben knusprig ausbraten. Herausnehmen und warm halten. In derselben Pfanne die Jakobsmuscheln 1–2 Minuten auf beiden Seiten braten.

Zum Anrichten das Erbsenpüree jeweils in der Mitte des Tellers platzieren, darauf die Blutwurstscheiben und die Jakobsmuscheln. Mit etwas feinem Olivenöl beträufeln.

Roastbeef mit Austernsauce und Kartoffel-Grünkohl-Gratin

Roast Beef with Oyster Sauce & Rumbledethumps

900 g Roastbeef mit Fettauflage
2 EL Olivenöl

Für die Austernsauce:
12 frische Austern
40 g Butter
Saft einer Zitrone
Salz und schwarzer Pfeffer aus der Mühle

Für das Gratin:
400 g Kartoffeln
250 g Grünkohl (falls verfügbar auch Meerkohl – »Sea Kale«)
1 große Zwiebel
50 g Butter
50 g geriebener Cheddar
Salz und schwarzer Pfeffer aus der Mühle

Den Backofen auf 240 °C vorheizen.
Für die Sauce die frischen Austern ausnehmen. Den Muschelsaft in eine eigene Schüssel geben. Die Butter in einer Pfanne erhitzen und die Austern dazugeben. Etwa eine halbe Minute pro Seite braten, aus der Pfanne nehmen und warm halten. Den Muschelsaft in die noch heiße Pfanne gießen und etwa eine Minute kochen lassen. Dann den Zitronensaft hinzugeben und mit Salz und Pfeffer würzen. Mit dem Salz vorsichtig umgehen, da die Austern von sich aus salzig sind. Anschließend die Austern zurück in die Sauce geben und diese warm halten.
Das Fleisch auf der Fettseite in Längsstreifen einschneiden. Mit Salz und frisch gemahlenem Pfeffer einreiben und mit dem Öl bepinseln. Das Roastbeef in einem Bräter auf der Ober- und Unterseite scharf anbraten. Die Hitze des Ofens auf 180 °C reduzieren, den Bräter in den Ofen schieben und das Fleisch 30 Minuten fertig garen. Danach herausnehmen und in Alufolie ruhen lassen.
Für das Gratin die geschälten Kartoffeln in große Würfel schneiden, etwa 10 Minuten in Wasser kochen, abgießen und die Kartoffelwürfel mit einer Gabel grob zerdrücken. Zwiebel in feine Streifen schneiden und den Grünkohl putzen und fein hacken. In einem Topf die Butter erhitzen. Die Zwiebel darin anschwitzen. Den Grünkohl dazugeben und etwa

5 Minuten braten. Die zerdrückten Kartoffeln dazugeben und mit Salz und Pfeffer würzen. Vom Herd nehmen und die Hälfte des geriebenen Käses unterrühren. Das Ganze in einer feuerfesten Form verteilen und den restlichen Käse darüberstreuen. In den Ofen zum Roastbeef geben und etwa 20 Minuten backen.

Der Whiskytipp zum Hauptgang: Kilchoman Machir Bay, 46% Vol.

Brandteigkrapfen mit Whiskyfüllung

Chou Pastry Donut filled with Whisky Cream

Für den Teig:
145 g glattes Mehl (Type 405, 550), gesiebt
125 ml Wasser
125 ml Milch
110 g Butter
15 g Zucker
1 Prise Salz
4 Eier

Für die Füllung:
4 Blatt weiße Gelatine
3 Eier, getrennt
50 g Zucker
150 ml Whisky
100 g dunkle Schokolade, gerieben
200 ml Schlagsahne

Den Backofen auf 220 °C vorheizen. Für den Teig Wasser, Milch, Butter, Zucker und Salz aufkochen. Das Mehl in die kochende Flüssigkeit geben und mit einem Kochlöffel aus Holz so lange rühren, bis sich der Teig vom Topfboden löst. Den Topf vom Herd nehmen und die Eier einrühren.
Den Teig auf einem mit Backpapier belegten Blech mittels Spritzsack zu etwa 3 cm großen Rosetten aufspritzen. Bei 220 °C ca. 5 Minuten backen, dann die Temperatur auf 180 °C reduzieren und goldbraun fertig backen (ca. weitere 20 Minuten).

Für die Füllung die Gelatine in kaltem Wasser einweichen. Eigelb und Zucker schaumig schlagen, dann Whisky unterrühren. Die Gelatine ausdrücken und in einem Esslöffel heißem Wasser auflösen. Danach der Eigelbmasse beigeben.

Im Kühlschrank halb fest werden lassen und die Schokolade unterrühren. Die Sahne und das Eiweiß steif schlagen und nacheinander vorsichtig unter die Masse ziehen. Die Whiskycreme in einen Spritzsack füllen und mit einer langen schmalen Tülle in die Brandteigkrapfen spritzen.

Irish Coffee

4 cl Whiskey
2 TL brauner Zucker
4 cl heißes Wasser
2 Espressi (6 cl)
halb steif geschlagene Sahne

Irish Whiskey (im Unterschied zur schottischen Schreibweise »Whisky«) und braunen Zucker mit dem heißen Wasser aufgießen. Die starken Espressi unterrühren, bis sich der Zucker ganz aufgelöst hat. Obenauf mit etwa 2 cm hoch halb geschlagener Sahne bedecken.
Für den Irish Coffee sollte natürlich auch ein irischer Whiskey verwendet werden, wie etwa die weichen malzigen Sorten Kilgegan, Red Chest oder Bushmills. Original wird diese Kaffeevariation ohne Löffel serviert und schichtweise getrunken.

»AUF DER JAGD NACH DEM HIRSCH …«

Vor allem in den Highlands hatte Schottland immer schon einen großen Bestand an Rothirschen, Rehen, Wildhasen und Wildkaninchen sowie Wild- und Wasservögeln. Besonders das Rotwild ist außerordentlich zahlreich. Deshalb zählen die Highlands auch heute zu den beliebtesten Jagdrevieren Europas. Im Mittelalter wurde das Rotwild über Berge und durch Wälder zu Fallen, sogenannten *teinchels*, getrieben, bei denen die Jäger in Lauerstellung lagen. Die Verbindung zwischen Hirsch und Wald führte zum Begriff *deer forest*, auch wenn es in den meisten Revieren seit Langem keine Bäume mehr gibt.

Jagden waren oft groß angelegte Unternehmungen. So beschrieb John Taylor 1618 eine Jagdexpedition in die Highlands und das anschließende Festmahl in einer *lonchard*, einer temporären Jagdunterkunft:

In vielen Kesseln und Töpfen brodelte es und zahlreiche Spieße drehten sich. Gekocht, gebraten und gegrillt wurden Wildbret, aber auch Rinder, Schafe, Ziegen und Hasen sowie Lachs, Kapaune, Rebhühner, Moorhühner, Heidehühner und Schneehühner. Es gab ausgezeichnetes Bier, verschiedene Weine sowie *aquavitae* (d.h. Whisky). So konnte eine Kompanie von etwa 1.400 Leuten vorzüglich versorgt werden.

Eine etwas ungewöhnliche Art der Zubereitung von Wildbret schildert Walter Scott in einer Notiz zu seinem Gedicht »The Lady of the Lake«: Im 16. Jahrhundert, in der Regierungszeit von König Edward VI., weilte der Burggraf von Chartres als Gast in England und wurde vom englischen Königshaus in die schottischen Highlands geschickt, um von dieser entlegenen Gegend zu berichten. Nach einer Jagd mit einer Unmenge von erlegtem Rotwild sollen die Highlander die Tiere so lange zwischen Baumstämmen gepresst haben, bis sie ausgeblutet waren. Das Fleisch wurde dem Gast dann mehr oder weniger im rohen Zustand als große Delikatesse serviert.

Ob dies tatsächlich zum Brauchtum in den Highlands gehörte, lässt sich nicht überprüfen. Jedenfalls dürfte der Bericht des französischen Gastes in London die Vorstellung der Engländer über die rauen Sitten in Schottland maßgeblich beeinflusst haben.

In feuchtfröhlicher Runde war Robert Burns ein gerne gesehener Gast

Plausibel erscheint allerdings eine andere Kunde aus früheren Zeiten: Um das erlegte Rotwild vor Insekten zu schützen, wurden die Tiere bis zum Abtransport in den Sprühregen eines Wasserfalls gehängt.

In schottischen Märchen werden sogar Bären zu Köchen und zu wundertätigen Geschöpfen, wie die Kurzfassung folgender Erzählung beweist:

> Ein Königssohn, der auf der Jagd war, wurde von einem Bären gefragt, ob er Hunger habe. »Das will ich wohl meinen«, sagte der Königssohn. Da schlug sich der Bär in die Büsche und kehrte kurze Zeit später mit einem erlegten Rehbock zurück. »Willst du das Fleisch lieber gekocht oder gebraten oder willst du es roh essen, so wie ich es tue?«, fragte der Bär. »Gewöhnlich bekomme ich das Fleisch zuerst gebrüht und danach gebraten«, antwortete der Königssohn und der Bär tat ihm den Gefallen.

Die Ratschläge, die der Bär dem Königssohn erteilte, verhalfen ihm zu wundertätigen Gegenständen, etwa zu einer Flasche, die nie leer wurde, zu einem Brot, das nie aufzuessen war, einem Käse, der immer rund blieb, und zu guter Letzt zu einer Königstochter als Gattin. So sind Märchen nun einmal.

Dass Rotwild vor allem in den Highlands äußerst schmackhaft zubereitet wurde, bezeugen viele alte Rezepte. Die urbane Bevölkerung Schottlands allerdings schätzte den Genuss von Rotwild nicht besonders, obwohl es ausreichend vorhanden und billiger als Rindfleisch war.

Wie Hirsch oder Reh früher gebraten wurde, beschreibt Marian McNeill:

Die Keulenstücke werden ausgiebig mit Gewürzen eingerieben und für sechs Stunden in einer Mischung aus Rotwein und in einem viertel Pint bestem Gewürzessig oder Saft aus drei Zitronen eingelegt. Danach wird die Flüssigkeit abgegossen und mit frisch zerlassener Butter vermischt. Mit dieser Mischung werden die Keulenstücke während des Bratens immer wieder bestrichen sowie regelmäßig darin gewendet. Fünfzehn Minuten vor Bratende wird das Fleisch nochmals mit Butter begossen und leicht mit Mehl bestreut, sodass es braun wird.

Für die Zubereitung der Sauce nimmt man ein halbes Pint klaren braunen Bratensaft vom Wild oder vom Heidelamm und gibt ausreichend Mehl dazu. Während des Kochens wird regelmäßig der Schaum abgeschöpft und ein Teelöffel Walnuss-Ketchup hinzugefügt. Die Sauce wird dann um den Braten herum angegossen.

Walnuss-Ketchup, Zitronensaft oder Gewürzessig können je nach Geschmack durch andere Zutaten ersetzt werden.

Zur schottischen Nationalspeise Haggis (siehe dazu das Kapitel zum *Burns Supper*) aus Schafsinnereien gab es in den Highlands schon lange die Variante des *Deer Haggis*:

Das Herz von Hirsch oder Reh wird mit einem teetassengroßen Stück Leber gekocht. Wenn es erkaltet ist, wird das Herz in feine Stücke geschnitten und die Leber zerrieben. Dazu wird eine Teetasse grobes Hafermehl gegeben, das vorher am Ofen geröstet wurde. Dann kommen ein halbes Pfund fein gehackter Rindertalg, drei fein gehackte Zwiebeln, ein Esslöffel Salz und eine starke Prise schwarzer Pfeffer dazu. Ist alles gut durchgemischt, kommt die Masse in einen Topf, wird für vier Stunden gekocht und heiß serviert.

Robert Burns wird bei seinen Touren durch die Highlands 1787 sicher auch Gerichte aus Hirsch- oder Rehfleisch verspeist haben. Sein Abschiedslied an das Hochland lässt sogar vermuten, dass er selbst an Jagden teilgenommen hat:

Farewell to the Highlands, farewell to the North,
The birthplace of Valour, the country of Worth;
Wherever I wander, wherever I rove,
The hills of the Highlands for ever I love.

Adieu an das Hochland, leb' wohl dort im Norden,
Du Heimat der Helden, so wertvoll geworden,
Wo immer ich wander', nahe und fern,
Die Berge im Hochland hab' ich immer gern.

My heart's in the Highlands, my heart is not here,
My heart's in the Highlands, a-chasing the deer;
Chasing the wild deer and following the roe;
My heart's in the Highlands, wherever I go.

Mein Herz ist im Hochland, mein Herz ist nicht hier,
Mein Herz ist im Hochland und pirscht nach dem Tier,
Auf der Jagd nach dem Hirsch, auf der Fährte vom Reh,
Mein Herz ist im Hochland, wo immer ich geh'.

Farewell to the mountains, high-cover'd with snow;
Farewell to the straths and green vallies below;
Farewell to the forests and wild-hanging woods;
Farewell to the torrents and loud-pouring floods.

Lebt wohl, ihr Berge hoch droben im Schnee,
Adieu ihr Schluchten, ihr Täler voll Klee,
Lebt wohl, ihr Wälder mit wucherndem Grün,
Adieu ihr Bäche, plätschert weiter dahin.

ROBERT BURNS, *»My Heart's in the Highlands«*

Bill o' Fare
Chasing the wild-deer

Das Wild-Menü

Wild Rabbit Tenderloin
in Chanterelle Mushroom Aspic

Wild Venison with Raspberry Sauce
and Bread Dumplings

Queen Mary Tart

Sülze von Wildkaninchen und Pfifferlingen

Hirsch in Himbeersauce mit Semmelknödeln

Queen-Mary-Kuchen

Sülze von Wildkaninchen und Pfifferlingen
Wild Rabbit Tenderloin in Chanterelle Mushroom Aspic

400 g kleine Pfifferlinge (Eierschwammerl)
2 Filets vom Wildkaninchenrücken
Erdnussöl
Wacholderbeeren, Lorbeerblatt, Petersilie
100 ml Weißwein
200 ml Wasser
1 Schalotte
Salz und schwarzer Pfeffer aus der Mühle
2 Blatt Gelatine, in Wasser eingeweicht
1 Orange
Preiselbeerkompott

Die Pfifferlinge putzen, mit Wein, Wasser und der fein gehackten Schalotte aufkochen. Wacholderbeeren und Lorbeerblatt dazugeben. Den Fond auf ein Drittel der Menge reduzieren, danach würzen und kochen, bis die Pfifferlinge weich sind.
Die Filets würzen, rundherum scharf anbraten und auskühlen lassen.
Die Pilze abseihen, die Flüssigkeit aufbewahren und die Gelatine darin auflösen. Die fein gehackte Petersilie mit den Pilzen vermengen.
In einer Terrinenform abwechselnd Pilze und Filets aufschichten. Mit dem Pilzfond aufgießen. Die Sülze 4–5 Stunden im Kühlschrank kühlen. Vor dem Anrichten aus der Form stürzen und in fingerdicke Scheiben schneiden. Mit einer Orangenscheibe und etwas Preiselbeerkompott anrichten.

Hirsch in Himbeersauce mit Semmelknödeln
Wild Venison with Raspberry Sauce and Bread Dumpling

600 g Lendenfleisch vom Hirsch
1 EL Raps- oder Olivenöl
Salz und schwarzer Pfeffer aus der Mühle
250 g Himbeeren
30 ml Balsamico-Essig
Zucker

Für die Semmelknödel:
400 g Semmeln/Brötchen vom Vortag, gewürfelt
1 Zwiebel
Petersilie
200 ml Milch
100 ml Schlagsahne
3 Eier
2 Eigelbe
etwas Butter und Mehl
Muskatnuss, Salz und schwarzer Pfeffer aus der Mühle

Mit den Semmelknödeln beginnen: Die Zwiebel klein würfelig schneiden, in der Butter kurz anschwitzen, die Petersilie fein hacken, zur Zwiebel geben und durchschwenken. Die gewürfelten Semmeln in eine große Schüssel geben. Die Eier, Eigelbe, Milch und Schlagsahne mit dem Schneebesen gut verrühren und über die Brotwürfel gießen. Dann die Zwiebel und die Petersilie beifügen und alles gut vermengen. Nun mit den Gewürzen abschmecken und die Masse anziehen lassen. Mit nassen Händen Knödel formen, in etwas Mehl drehen und in kochendes Salzwasser einlegen. Etwa 20 Minuten leise köcheln lassen.
Die Hirschlende in vier Teile schneiden, das Fleisch mit dem Öl, Salz und Pfeffer rundherum einreiben. In einer vorgeheizten Pfanne 3–4 Minuten pro Seite scharf anbraten, danach das Fleisch in Alufolie ruhen lassen.
Die Himbeeren mit etwas Zucker vermischen. In eine Pfanne geben und die Früchte bei schwacher Hitze leicht karamellisieren lassen. Mit dem Balsamico-Essig ablöschen und diesen verkochen lassen.
Fleisch, Knödel und Himbeersauce gefällig anrichten und servieren.

Der Whiskytipp zum Hauptgang: Glenfarclas, Speyside, 12 Jahre, 43 % Vol.

Queen-Mary-Kuchen
Queen Mary Tart

1 Pkg. Blätterteig (250 g)
2 EL Aprikosenkonfitüre
90 g Butter
85 g Zucker
4 Eier, verquirlt
90 g Orangeat & Zitronat
45 g Sultaninen
3 TL Mehl, gesiebt
1 EL Öl

Den Backofen auf 240 °C vorheizen.
Eine hohe Tarteform mit Öl auspinseln. Den fertigen Blätterteig etwas ausrollen und die Tarteform damit auslegen, überstehenden Teig abschneiden, etwa 20 Minuten kühl stellen. Den Teig gleichmäßig mit der Gabel einstechen, 10 Minuten bei 240 °C backen und dann mit Aprikosenkonfitüre bestreichen.
Butter und Zucker schaumig schlagen, nach und nach die Eier zugeben und gut vermengen. Mehl und Trockenfrüchte unterrühren. Die Masse in die abgekühlte Blätterteigform füllen und bei 240 °C etwa 10 Minuten backen. Danach die Temperatur auf 210 °C reduzieren und weitere 25 Minuten im Ofen belassen.

»DAS MOORHUHN VERKRIECHT SICH ...«

Schottland ist nicht nur reich an Rotwild, sondern auch mit einer Vielfalt an Wild- und Wasservögeln gesegnet. Dies betrifft nicht nur die Küstenregionen. An Bächen, Flüssen und Seen, in Heiden, Mooren und Sümpfen, auf Bergen, in Tälern und Schluchten tummeln sich Wildente, Wildgans, Rebhuhn, Fasan, Wachtel, Heidehuhn, Moorhuhn, Auerhahn, Birkhuhn, Waldschnepfe, Schneehuhn und vieles andere mehr.

Das Leben in und mit der Natur hat Robert Burns nicht nur als Bauer gut gekannt, sondern er war auch ein genauer Beobachter der Pflanzen- und Tierwelt und ein Kritiker des Umgangs mit der Natur. Aus dieser Einstellung sind eine Reihe von berührenden Naturgedichten hervorgegangen. Eines davon hat er 1787 bei seiner dritten Tour durch die Highlands verfasst. Burns hielt sich einige Tage bei Freunden in der Nähe des Loch Turit (oder Turret) auf, als dieses Gedicht entstand:

Why, ye tenants of the lake,
For me your wat'ry haunt forsake?
Tell me, fellow-creatures, why
At my presence thus you fly?
Why disturb your social joys,
Parent, filial, kindred ties? –
Common friend to you and me,
Nature's gifts to all are free:
Peaceful keep your dimpling wave,
Busy feed, or wanton lave;
Or, beneath the sheltering rock,
Bide the surging billow's shock.

Warum, ihr Völker auf dem See,
Fliegt ihr davon so schnell und jäh'?
Sagt mir, Freunde, ob ich es bin,
Der Anlass und Grund für euer Flieh'n?
Was stört euch im vereinten Leben
Von Eltern, Verwandten, Kindern eben?
Gemeinsam sind wir alle dabei,
Steht Natur doch jedem frei:
Friede eurem wässrigen Haus,
Nährt euch emsig, ruht euch aus,
Oder sucht unter Felsen Schutz
Vor der Sturzflut, zu eu'rem Nutz'.

Robert Burns, *»On Scaring Some Water-Fowl In Loch Turit«, 1. Strophe*

Unbestritten ist *grouse*, das Moorhuhn, der Star unter den schottischen Wildhühnern und nach Meinung vieler Kenner das delikateste unter den Geflügeln. So meinte u.a. der britische Gelehrte, Literaturkritiker und Gastronomieexperte George Saintsbury (1845–1933): »…während fast alle Wildhühner gut sind, manche besonders gut, scheint mir das Moorhuhn das allerbeste zu sein. Es hat den vollsten und gleichzeitig den zartesten Geschmack sowie die beste Konsistenz … es ist das Vorzüglichste, was ich kenne, um ein Fischessen abzuschließen. Durch seinen erdigen und trockenen Geschmack ergibt sich eine feine und besondere Kontrastierung zu Fischigem …«

Es wird erzählt, dass Moorhühner in früheren Zeiten vor der Zubereitung so lange an Dachbalken aufgehängt wurden, bis sie von selbst zu Boden fielen. Ob dies nur eine Legende ist oder nicht, es illustriert zumindest die Vorstellung von der sprichwörtlichen Wildheit der Schotten, insbesondere in den Highlands.

Wie man ein Moorhuhn auswählt, vorbereitet und zubereitet, beschreibt Marian McNeill in ihrem Buch über die schottische Küche:

Unter den verschiedenen Arten von Wildhühnern hat das rote Moorhuhn den besten Geschmack. Es wiegt etwa 19 Unzen und sollte je nach Alter und Wetter drei bis zehn Tage abhängen. Junge Hühner halten sich nicht so lange wie alte. Kennzeichen der Jugend sind weiche Daunenfedern auf der Brust und unter den Flügeln, gesprenkelte Flügelfedern und abgerundete Sporen.

Die zahlreichen Liebschaften des Dichters waren oft Grund für böse Blicke

Das Huhn sollte behutsam gerupft werden, sodass die empfindliche Haut nicht verletzt wird, es sollte nicht gewaschen, jedoch innen und außen mit einem feuchten Tuch abgewischt werden.

Dann nimmt man ein oder zwei Unzen Butter, in die man etwas Zitronensaft, Pfeffer und Salz mischt und füllt damit das Huhn, jedoch nicht den Kropf. Manche Köche füllen das Huhn mit Blaubeeren oder Preiselbeeren, welche das Aroma gut beeinflussen und das Huhn feucht halten, so wie Butter dies tut. Es ist wichtig, das Austrocknen zu vermeiden. Das Huhn wird gut mit fettem Speck umwickelt und vor dem Braten bis zu zehn Minuten in fettabweisendes Papier gerollt. Daraufhin wird das Huhn mit Mehl bestreut und angebräunt. Speck und fettabweisendes Papier können auch weggelassen und das Huhn nur mit Butter begossen werden. Die Bratzeit liegt zwischen 20 und 30 Minuten, abhängig von der Größe und dem Alter des Huhns, jedoch müssen Moorhühner vom Feuer genommen werden, wenn sie gut durchgebraten sind.

Die Leber wird 10 Minuten gekocht und zusammen mit ein wenig Butter, Salz und Cayennepfeffer in einem Mörser zerrieben und auf ein Toastbrot gestrichen, das groß genug ist, ein Huhn zu tragen. Dieser Toast wird für die letzten Minuten des Bratens unter das Huhn gelegt, sollte jedoch nicht vom Bratfett aufgeweicht werden. Serviert wird das Huhn mit gerösteten Brotbrocken, jedoch nicht zu viel auf einem Teller.

Die gebräuchlichsten Beilagen sind Kartoffelscheiben, französische Bohnen, Pilze, Brunnenkresse und Bratensaft. Nuss- oder Fruchtsaucen sowie zerlassene Butter werden fallweise serviert. Auch Preiselbeeren oder eingelegte Pfirsiche passen gut zum Moorhuhn.

Bevor ein Moorhuhn schmackhaft zubereitet werden konnte, musste es allerdings erst aufgespürt und gefangen werden. Robert Burns hat diese Thematik in einem Liedtext folgendermaßen beschrieben:

The heather was blooming, the meadows were mawn,
Our lads gaed a-hunting, ae day at the dawn,
O'er moors and o'er mosses and mony a glen,
At length they discover'd a bonnie moor-hen.

Die Heide im Blüh'n, die Wiesen gemäht,
Die Burschen, die jagen von morgens bis spät
Durch die Moore, die Moose und manches Tal,
Ein Moorhuhn entdecken sie auch manches Mal.

I rede you beware at the hunting, young men;
I rede you beware at the hunting, young men;
Tak some on the wing, and some as they spring,
But cannily steal on a bonnie moor-hen.

Ich rat euch, gebt acht bei der Jagd, junge Herr'n;
Ich rat euch, gebt acht bei der Jagd, junge Herr'n;
Man fängt es mit Schwung, ein and'res im Sprung,
Doch schleicht euch an's Moorhuhn nur leise von fern.

Sweet-brushing the dew from the brown heather bells
Her colours betray'd her on yon mossy fells;
Her plumage outlustred the pride o' the spring,
And O! as she wanton'd gay on the wing.

Auf herbstbrauner Heide liegt süßlicher Tau,
Das Moorhuhn verkriecht sich im moosigen Grau,
Sein Gefieder, das schimmerte dunkel und hell,
Und hui! Ist es weg, wie der Sturmwind so schnell.

Auld Phoebus himsel, as he peep'd o'er the hill,
In spite, at her plumage he tried his skill:
He levell'd his rays where she bask'd on the brae –
His rays were outshone, and but mark'd where she lay.

Steigt die Sonne hinauf weit über den Berg,
Da sieht sie am Moorhuhn ihr strahlendes Werk:
Sie dämpft ihre Strahlen, verschwindet dann ganz,
Das Moorhuhn, das sonnt sich im eigenen Glanz.

They hunted the valley, they hunted the hill,
The best of our lads wi' the best o' their skill;
But still as the fairest she sat in their sight,
Then, whirr! she was over, a mile at a flight.

Sie jagen in Schluchten, sie jagen auf Höh'n,
Die mutigsten Burschen kann man da seh'n;
Selbst wenn sie ganz still sind, nah' am Versteck,
Brrr! Ist das Moorhuhn schon meilenweit weg.

Robert Burns, »*The Bonnie Moor-Hen*«

Dass der Fang eines wilden Vogels nicht immer gelingt, wird auch im schottischen Märchen vom Fuchs und der Wildgans deutlich:

Einem Fuchs glückte es eines Tages, eine fette Wildgans am Seeufer im Schlaf zu überraschen. Er hielt sie an einem Flügel fest und machte sich ein Vergnügen daraus, wie die Wildgans entsetzt flatterte, kreischte und zu entkommen versuchte.
»Ach, hör mal«, sagte scheinheilig der Fuchs, »was würdest du wohl tun, wenn du mich so geschnappt hättest, wie ich dich?«
»So eine dämliche Frage!«, erwiderte die Wildgans. »Ich würde die Hände falten, die Augen schließen und Gott danken. Und nach dem Dankgebet, würde ich dich auffressen.«
»Du sprichst mir aus der Seele, das genau hatte ich vor«, grinste der Räuber, faltete die Pfoten, verdrehte die Augen gottgefällig nach oben und begann, nachdem er sie geschlossen hatte, ein überaus frommes Tischgebet zu sprechen.
Das nutzte die Wildgans, breitete die Flügel aus und flog über den See davon. Der Fuchs sah ihr verdutzt hinterher.
»Das werde ich mir merken«, murmelte er schließlich verdrossen. »Nie wieder werde ich ein Tischgebet sprechen, bevor nicht der Braten in meinem Bauch ist!«

Bill o' Fare
The Bonnie Moor-hen

Das Moorhuhn-Menü

Dulse and Oatmeal Soup with Smoked Trout

Roasted Grouse with Chips and Savoy Cabbage

Mousse au Whisky

Algen-Hafermehl-Suppe mit geräucherter Forelle

Gebratenes Moorhuhn mit Kartoffelchips
und gefülltem Wirsing

Schoko-Whisky-Creme

Algen-Hafermehl-Suppe mit geräucherter Forelle
Dulse and Oatmeal Soup with Smoked Trout

2 geräucherte Bachforellenfilets (oder Saiblingsfilets)
Olivenöl
750 ml Wasser
40 g getrocknete Algen (*dulse* ist eine rote Algensorte)
2 Kartoffeln, geschält
1 Stange Lauch
25 g Haferflocken (*oatmeal*, siehe S. 26)
1 Bund Petersilie
Salz und schwarzer Pfeffer aus der Mühle

Algen sind reich an Eiweiß, Mineralien, Vitaminen und anderen Nährstoffen. Getrocknet bekommt man sie bei guten Fischhändlern oder in Asia-Shops.
Die Algen für 10 Minuten in lauwarmem Wasser einweichen und danach leicht ausdrücken. Die Kartoffeln in Würfel und den Lauch in Scheiben schneiden.
Das Gemüse mit den Algen in einen Topf mit kaltem Wasser geben und würzen, aufkochen lassen und dann für 10 Minuten langsam köcheln. Die Haferflocken in etwas Gemüse-Kochflüssigkeit aufquellen lassen und anschließend in die Suppe einrühren. 5 Minuten ziehen lassen. Mit dem Pürierstab unter Beigabe von fein gehackter Petersilie mixen.
Vor dem Anrichten kann die Forelle nach Belieben im Backofen vorgewärmt werden. Die Forellenfilets in Rhomben schneiden und in der Mitte der Suppe platzieren. Mit etwas Olivenöl beträufeln und mit frisch gemahlen Pfeffer würzen.

Gebratenes Moorhuhn mit Kartoffelchips und gefülltem Wirsing
Roasted Grouse with Chips and Savoy Cabbage

4 Moorhühner (oder 4 Fasanenbrüste)
100 g Butter
2 EL Brandy
Salz und schwarzer Pfeffer aus der Mühle
Thymian
400 g Kartoffeln, Sorte *Shetland Black* (gelbfleischige Sorte mit schwarz-violetter Schale, festkochend; siehe S. 25)
Rapsöl
Meersalz
1 Wirsing
100 g Bauchspeck
1/16 l Weißwein

Für die Sauce:
1/16 l Rotwein
Butter

Den Backofen auf 200 °C vorheizen. Die Moorhühner ausnehmen und waschen, trocken tupfen. Lebern und Herzen beiseite legen. Die Hühner mit den Gewürzen gut einreiben und in einem Bräter in der halben Menge der Butter rundherum anbraten, danach mit der Hälfte des Brandys übergießen. Anschließend bei 200 ° C für 20 Minuten in den Ofen schieben, ab und zu mit Bratensaft übergießen.
Den Wirsing vom Strunk und den äußeren Blättern befreien. Vier schöne große Blätter in vier gefettete Soufflé-Formen drücken. Den Speck und den restlichen Wirsing in feine Streifen schneiden. Die Speckstreifen mit der restlichen Butter in einer Pfanne goldbraun anbraten, die Wirsingstreifen dazugeben, mit Salz und Pfeffer würzen. Mit Weißwein ablöschen und etwa 5 Minuten köcheln lassen, bis der Wein verkocht ist. Die Masse nun in die mit Wirsing ausgelegten Soufflé-Formen füllen. Die Blätter schließen und zu Kugeln formen. Die vier Kugeln für 15 Minuten im Ofen garen.
Die Moorhühner aus dem Ofen nehmen.
Flügel und Keulen der Moorhühner abschneiden und weitere 10 Minuten braten, die restlichen Teile warm stellen. Nach 10 Minuten die Flügel und Keulen mit den restlichen Moorhuhn-Teilen warm halten.

Für die Sauce Herzen und Lebern klein schneiden und im Bratenrückstand bräunen. Mit dem Rotwein ablöschen und einreduzieren. Durch ein Sieb streichen und mit etwas eiskalter Butter binden.
Die violetten Kartoffeln schälen und waschen. In sehr dünne Scheiben schneiden und diese in heißem Rapsöl frittieren. Auf Küchenpapier abtropfen lassen und in einer Schüssel mit Meersalz vermischen.
Die Moorhühner auf vorgewärmten Tellern anrichten, Flügel und Beine überkreuzt und mit etwas Kresse garnieren. Die Chips und die Wirsingkugeln dazulegen. Die Sauce entweder neben dem Moorhuhn platzieren oder in einer Sauciere servieren.

Der Whiskytipp zum Hauptgang: Talisker, Highlands/Island Skye, 10 Jahre, 45,8 % Vol.

Schoko-Whisky-Creme

Mousse au Whisky

200 g Edelbitter-Schokolade (70 % Kakaoanteil)
3 gehäufte EL Puderzucker
50 g Butter
4 Eier
125 ml Whisky
200 ml Schlagsahne

Den Puderzucker sieben. Die Schokolade hacken und zusammen mit der weichen Butter und dem Puderzucker im Wasserbad unter Rühren schmelzen. Danach die Creme auf Handwärme abkühlen lassen.
Die Eier trennen. Das Eiweiß in den Kühlschrank stellen. Das Eigelb mit einem Schneebesen unter die Schokoladenmasse rühren, den Whisky langsam dazugießen.
Nun das Eiweiß und die ebenfalls gut gekühlte Schlagsahne getrennt voneinander steif schlagen. Zuerst das Eiweiß vorsichtig unter die abgekühlte Creme heben, dann das steife Obers ebenso vorsichtig unterziehen. Die Mousse au Whisky in eine Schale oder portionsweise in Dessertschälchen füllen und für ca. 3 bis 4 Stunden kalt stellen.

»SCHAU, WIE DIE FORELLEN GLÄNZEN …«

The lightly-jumping, glowrin trouts,
That thro' my waters play,
If, in their random, wanton spouts,
They near the margin stray;
If, hapless chance! they linger lang,
I'm scorching up so shallow,
They're left, the withening stanes amang,
In gasping death to wallow.

Schau, wie die Forellen glänzen
Und durch mein Wasser springen,
Doch wenn sie an meinen Grenzen
Sich hin zum Ufer schwingen,
Dann sind sie ohne Hoffnung dort!
Dort ist es flach, seicht und eben,
Verloren sind sie am steinigen Ort
Und kämpfen um ihr Leben.

Robert Burns, *»The Humble Petition Of Bruar Water To The Noble Duke Of Athole«, 2. Strophe*

Bei seiner zweiten Tour durch die Highlands 1787 kam Robert Burns in die Gegend der Falls of Bruar, ein Gebiet von mehreren Gebirgsbach-Wasserfällen in der Nähe des Besitztums des Herzogs von Athole. Beim Betrachten des Gewässers war der Dichter über den öden, baumlosen Zustand der Umgebung und über die Lebensbedingungen der Forellen so erschrocken, dass er spontan das obige Gedicht verfasste. Seine »untertänige Petition« im Namen des Baches an den Herzog war von Erfolg gekrönt: Der Herzog ließ aufforsten und schuf damit ein nachhaltiges Biotop für den Fischbestand.

Schottland war immer schon ein Land der Fische und des Fischfangs: *Piscinata Scotia* lautet daher ein alter Ausdruck für Schottland. Die großen Lachsflüsse und die unzähligen Seen und Bäche mit Forellen, zusammen mit den weiten Meeresabschnitten entlang der Küsten sowie die jährliche Wanderung der Heringsschwärme versorgten Schottland mit einer Fülle von Fischen höchster Qualität. Die wichtigsten sind Schellfisch, Kabeljau, Scholle, Seehecht bzw. Hechtdorsch. Darüber hinaus gibt es Weißfisch, Heilbutt, Steinbutt, Seezunge und Lengfisch. Mit dem Hering (wie mit dem Hafer) besitzt Schottland ein Nahrungsmittel von höchstem Nährwert und von einer Qualität, die nirgendwo sonst auf der Welt vorhanden ist, schrieb Marian McNeill in der ersten Hälfte des 20. Jahrhunderts.

Durch die Einführung des Christentums und die Festlegung auf Fastentage und Fastenzeiten wurde die Fischerei in Schottland zusätzlich belebt, was sie zu einer frühen Quelle nationalen Wohlstands machte. Im 12. Jahrhundert gab König David I. den Mönchen auf der Insel May das exklusive Recht, an den eigenen Küsten zu fischen.

Kenntnisse in der Hochseeschifffahrt und im ertragreichen Fischfang brachten bereits im 8. Jahrhundert die Wikinger bei ihrer Eroberung der Shetlands und des Archipels Orkney nach Schottland mit. Neben dem Erlernen der verschiedenen Fangtechniken setzte man sich auch erstaunlich früh mit dem Problem der Überfischung auseinander. So erließ Robert I., bekannt unter dem Namen »Robert the Bruce«, 1318 einen königlichen Akt, der es untersagte, jugendliche Lachse bei ihrer Rückkehr ins Meer abzufischen.

Im 13. Jahrhundert war Aberdeen berühmt für seine *speldings* oder *speldrins,* kleine Schellfische oder Weißfische, gesalzen und auf Steinen getrocknet.

Ganze Familien waren in das Fischereigeschäft eingebunden. Die Söhne fuhren bereits im Alter von 14 Jahren mit ihren Vätern auf das Meer hinaus. Es war ein hartes Los aufgrund der zahlreichen Stürme, des Nebels und des frostig-kalten Wetters. Die Frauen reparierten unterdessen die Netze, machten die Fische verkaufsfertig und gingen mit ihren schweren Reusen bzw. Körben auf lange Verkaufstouren. Alle Arten von Fischen wurden von diesen Fischweibern angeboten, die in ländlichen Gebieten von Tür zu Tür gingen. Ein alter Ruf auf den Straßen von Edinburgh war: »Haddies, caller haddies, fresh an' loupin' in the creel!«, um den frischen, flatternden Schellfisch in ihren Körben anzupreisen.

Der spanische Diplomat Don Pedro de Ayala besuchte Ende des 15. Jahrhunderts Schottland und berichtete über große Mengen an Lachs, Hering und getrocknetem Fisch, der Stockfisch genannt und exportiert wurde.

Von den Shetland Islands stammt folgende Anleitung zur Herstellung von Stockfisch: Einem großen Kabeljau wird der Kopf abgeschnitten, damit er gut ausbluten kann. Dann wird der Fisch in Meerwasser gewaschen und über Nacht in frischem Meerwasser gelagert. Danach wird er der Länge nach halbiert und mit der Hautseite nach unten so lange in der Sonne getrocknet, bis er hart geworden ist.

Das Haltbarmachen von Lachs und Hering war schon lange ein wichtiger Berufszweig in Glasgow. Hering, frisch oder gepökelt, war für Jahrhunderte eines der Hauptnahrungsmittel in Schottland. Der Ruf, besser gesagt der Gesang »Caller Herrin'!« war stets zu hören. In Edinburgh, wo der Fluss Forth in den Meeresarm Firth of Forth mündet und viel Hering gefangen wurde, wird dies so geklungen haben:

Wha'll buy my caller herrin'?
They're bonnie fish and dainty fairin',
Wha'll buy my caller herrin',
New drawn frae the Forth?

Wer kauft meinen frischen Hering?
Der beste Fisch, den ich daherbring'.
Wer kauft meinen frischen Hering,
Frisch gefischt aus dem Forth?

Alter Straßengesang aus Edinburgh

Ein großer Teil des Heringfangs ging ins Ausland. So wurden im Jahr 1564 zwanzigtausend Fässer allein ins französische La Rochelle wie auch in andere französische oder in baltische Häfen geliefert. Im 17. Jahrhundert waren niederländische Fischer in schottischen Gewässern unterwegs. Daher besagt ein altes Sprichwort, dass Amsterdam auf schottischen Heringsgräten erbaut ist. Zu Beginn des 18. Jahrhunderts wurde deshalb der Plan »Ding the Dutch« entwickelt, also den »Holländern die Glocke geläutet«, um die eigene schottische Fischerei weiterzuentwickeln und den Schiffsbau anzukurbeln.

Gepökelter Hering aus Schottland wurde ein Hauptnahrungsmittel in Skandinavien, in den baltischen Ländern und in Russland. Millionen von Konservenbüchsen mit Hering gingen nach Australien, Neuseeland und Südafrika und in andere Länder, wo sich Schotten angesiedelt hatten.

Wie frischer Hering früher auf schottische Art gebraten wurde, beschreibt die Kulinarik-Autorin Marian McNeill so:

Der Hering wird gesäubert und getrocknet, dann auf jeder Seite zwei- bis dreimal schräg eingeschnitten, mit Pfeffer und Salz bestreut und in grobem Hafermehl gewälzt. Eine Unze Hafermehl und dieselbe Menge an Bratfett sollte für zwei Heringe reichen. Das Fett wird in einer Bratpfanne erhitzt und die Heringe darin beidseitig 10 bis 15 Minuten braun gebraten. Sie werden sehr heiß serviert, garniert mit Petersilie und einer Scheibe Zitrone.

Lachs war ebenfalls von großer Bedeutung. Der Tay, der Spey, der Tweed, der Don, der Dee sowie andere kleinere Flüsse lieferten Lachs von hervorragender Qualität und in solchen Mengen, dass er von der Oberschicht lange Zeit missachtet wurde, während sich Landarbeiter beschwerten, dass sie mehrmals wöchentlich Lachs vorgesetzt bekamen. Im Sommer frisch gegessen und im Winter geräuchert, spielte Lachs eine bedeutende Rolle für die Ernährung der Menschen in der Nähe von Lachsflüssen, ähnlich der Bedeutung von Hering oder Schellfisch für die Menschen in Küstengebieten. Große Mengen Lachs wurden exportiert. In der Regierungszeit von König James I. war das Verlangen nach französischem Wein so groß, dass 1431 mit Frankreich vereinbart wurde, die Hälfte des exportierten Lachses mit Wein zu bezahlen.

Auch Schellfisch war ein wichtiges Nahrungsmittel, genauso wie *seaweed*, also Algen, nicht nur auf den Inseln, wo ausreichende Ernährung oft ein Problem darstellte, sondern auch in den Küstenstädten.

'A January haddock an' a February hen,
Are no' to be marrowed in the ither months ten.

Im Januar Schellfisch und im Februar Huhn,
Die ander'n zehn Monat' haben sie nichts zu tun.

Altes Sprichwort aus Moray

Der Fürst unter den Schalentieren war und ist selbstverständlich die Auster. Edinburgh war eine Austernstadt und es gibt zahlreiche Zeugnisse zur Quantität und Qualität der Austernbänke im Firth of Forth.

Der Dichter Robert Fergusson, Zeitgenosse von Burns, hat die Austern aus Edinburgh (in einer alten Bezeichnung wird die Stadt »Auld Reekie« genannt) auf folgende Weise gelobt:

September's merry month is near,
That brings in Neptune's caller cheer.
New oysters fresh;
The halesomest and nicest gear
O' fish or flesh.

September, der fröhliche Monat ist da,
Er bringt uns Neptuns Köstlichkeit nah',
Austern ganz frisch;
Und Bestes und Feinstes, was man je sah,
Ob Fleisch oder Fisch.

ROBERT FERGUSSON, *»Auld Reekie«*

Dass den Austern auch heilkräftige Wirkung zugeschrieben wurde, veranlasste Fergusson außerdem zu diesem Gedicht:

Come prie, frail man, for gin thou'rt sick,
The oyster is a rare cathartic
As ever doctor patient gart lick
To cure his ails;
Whether you ha'e the head or heart ache
It aye prevails.

Kost', schwacher Mann, denn du bist krank,
Austern sind ein Reinigungstrank,
Auch jeder Arzt weiß das schon lang
Und trinkt den Saft;
Schmerzt dich der Kopf, ist's im Herz' dir bang,
Die Auster gibt Kraft.

ROBERT FERGUSSON, *aus »Poems«*

Ein weiterer, weltbekannter schottischer Poet, Walter Scott, hat der Auster und dem Gesang der Austernfischer folgende Zeilen gewidmet:

The herring loves the merry moonlight,
The mackerel loves the wind.
But the oyster loves the dredging-song,
For he comes of gentle kind.

Der Hering liebt des Mondes Licht,
Die Makrele, was der Wind herbringt.
Doch die Auster liebt des Fischers Lied,
Weil das stets so heiter klingt.

WALTER SCOTT, *aus »Novels, Poems«*

In einem der ersten schottischen Kochbücher, 1736 veröffentlicht, wird die Zubereitung von Austern für diejenigen, die sich solch einen Genuss leisten konnten, wie folgt beschrieben: Man nimmt 200 Austern und kocht sie im eigenen Sud. Die geöffneten Austern werden dann ausgenommen und mit Weißwein, eingelegten Pilzen, Kapern, Butter und Zitronenschale weiter gekocht und mit schwarzem Pfeffer, Muskatnuss und Muskatblüte gewürzt.

Robert Burns wäre nicht Verfasser von Naturgedichten einerseits und Trinkliedern andererseits gewesen, hätte er nicht versucht, das vergnügliche Leben der Forellen in Verbindung mit dem Genuss von Flüssigkeiten zu bringen:

My coogie is a haly pool
That heals the wounds o' care and dool;
And pleasure is a wanton trout,
An ye drink it a', ye'll find him out.

Mein volles Glas ist Arzenei,
heilt Wunden, Leid und Plackerei;
Dass das Glück wie die Forelle springt,
Kennt jeder, der sein Glas austrinkt.

Then, guidwife, count the lawin,
The lawin, the lawin,
Then, guidwife, count the lawin,
And bring a coggie mair.

Drum Wirtin, lass uns zahlen,
Lass zahlen uns, lass zahlen,
Drum Wirtin, lass uns zahlen
Und bring' dann noch ein Glas.

ROBERT BURNS, *»Guidwife, Count The Lawin«,*
3. Strophe und Refrain

Bill o' Fare
Musing on the roaring ocean

Das Fisch-Menü

Cullen Skink

Mackerel with Gooseberry Relish and Leek

Whisky Blueberry Cake

Kartoffelsuppe mit geräuchertem Schellfisch

Makrele mit Stachelbeeren-Relish
und Lauchgemüse

Whisky-Blaubeer-Kuchen

Kartoffelsuppe mit geräuchertem Schellfisch
Cullen Skink

350 g geräucherter Schellfisch *(finnan haddock)*
500 g Kartoffeln
1 große Zwiebel
500 ml Milch
Wasser
40 g Butter
Olivenöl
Salz und Pfeffer
Schnittlauch für die Garnitur

Den Schellfisch in einem Kochtopf mit Wasser bedecken und langsam etwa 15 Minuten köcheln lassen. Danach das Wasser abseihen und den Fisch in kleine Teile zerstückeln, dabei darauf achten, dass man alle Gräten entfernt. Nun zusammen mit der gehackten Zwiebel, den geviertelten Kartoffeln und etwas Olivenöl wiederum 30 Minuten köcheln lassen. Danach die Kartoffeln in eine separate Schüssel geben und mit der Butter zerdrücken.
Nun die Milch erhitzen und in den Topf zum Fisch schütten. Mit einem Schneebesen die Kartoffelmasse langsam in den Fischtopf rühren, bis eine cremige Suppe entsteht. Würzen, in Suppentellern anrichten und mit dem Schnittlauch garnieren.

Makrele mit Stachelbeeren-Relish und Lauchgemüse
Mackerel with Gooseberry Relish and Leek

4 ganze Makrelen
1 Stange Lauch
2 EL Haferflocken
Olivenöl

Für das Relish:
250 g Stachelbeeren
2 TL brauner Zucker
25 g Butter
1 kleines Stück frischer Ingwer
1 TL süßer Senf
Salz und Pfeffer, schwarz, frisch gemahlen

Für das Relish die Stachelbeeren gut waschen und halbieren. Für bessere Farbe und Geschmack können selbstverständlich auch gelbe oder rote Stachelbeeren verwendet werden. Den frischen Ingwer schälen und sehr fein hacken. Mit den Beeren, dem braunen Zucker und etwas Wasser in einem Topf so lange kochen, bis die Fruchtmasse dickflüssig wird. Dann den Senf unterrühren und würzen.
Die Lauchstange gut waschen, putzen und halbieren. Dann das Messer schräg ansetzen und in feine Streifen schneiden. Die Haferflocken in einer trockenen Pfanne leicht anrösten. Den Lauch und einen Esslöffel Olivenöl beigeben und das Gemüse knackig anbraten. Mit Salz und Pfeffer würzen.
Die Makrelen auf beiden Seiten zwei- bis dreimal einritzen und mit Salz und Pfeffer würzen. In einer großen Pfanne in Olivenöl beidseitig je etwa vier Minuten (kommt auf die Größe der Fische an) braten. Die Haut soll dabei schön knusprig werden.
Die Makrelen auf vorgewärmten Tellern anrichten und reichlich mit dem Relish bestreichen. Dazu den Lauch servieren.

Der Whiskytipp zum Hauptgang: Tomintoul Peaty Tang, 40% Vol.

Whisky-Blaubeer-Kuchen

Whisky Blueberry Cake

100 g Edelbitter-Schokolade (70 % Kakaoanteil)
200 g Blaubeeren
75 g Mandeln, gemahlen
150 ml Whisky
250 g Butter
4 Eier
200 g Zucker
1 Pkg. Vanillezucker
1 Pkg. Backpulver
500 g glattes Mehl (Type 405, 550)
125 ml Milch

Den Backofen auf 180 °C vorheizen. Die Schokolade wird gehackt und zusammen mit den Blaubeeren, den Mandeln und dem Whisky für zwei Stunden angesetzt. Die Butter mit den Eiern schaumig schlagen, danach den Zucker und den Vanillezucker einrieseln lassen und gut durchrühren.

Mehl und Backpulver versieben und gemeinsam mit der Milch unter den Eischaum rühren. Anschließen das Whiskygemisch dazugeben und die Masse in eine eingefettete Kuchenform füllen. Bei 180 °C etwa 45 Minuten backen.

»MIT WHISKY PFEIFEN WIR AUF DEN TEUFEL ...«

Die Schotten galten immer schon als besonders trinkfreudiges Volk. In früheren Zeiten waren jedoch offenbar Quellwasser und Milch die alltäglichen Getränke. Später wurde dann *Ale,* also Bier, gebraut, allerdings nicht nur aus Getreide, sondern auch aus verschiedenen Kräutern. Eines davon war *Heather Ale,* zubereitet aus den Blüten des Heidekrauts, aus Hopfen, Hefe, Sirup, Ingwer und Wasser.

Robert Louis Stevenson hat diesem erfrischenden, leicht alkoholischen Getränk folgende Zeilen gewidmet:

From the bonny bells of heather,
They brewed a drink longsyne,
Was sweeter far than honey,
Was stronger far than wine.

Aus dem schönen Heidekraut,
Brauten sie ein Tränklein fein,
Viel süßer noch als Honig war's,
Viel stärker noch als Wein.

ROBERT LUIS STEVENSON, *aus »Heather Ale: A Galloway Legend«*

Wein wurde seit Beginn des Bündnisses mit Frankreich *(Auld Alliance)* nach Schottland importiert und vor allem vom Adel begeistert konsumiert. Berichten zufolge soll bereits am Hofe von König Alexander III. (1241–1286) reichlich französischer Wein von ausgezeichneter Qualität getrunken worden sein.

Das schottische Nationalgetränk aber ist seit jeher Whisky. Schon im 6. Jahrhundert n. Chr. wird er vom gälischen Dichter Taliesin erwähnt. Die Herstellung von Alkohol mittels Destillation dürfte im Orient schon im 9. Jahrhundert v. Chr. bekannt gewesen sein. Über Ägypten gelangte das Wissen über trinkbare Destillate aus Trester und Gerste nach Europa.

Wann der erste Whisky gebrannt wurde, ist nicht bekannt. Die Iren gehen davon aus, dass der Heilige St. Patrick die Destilliertechnik aus dem Mittelmeerraum mitbrachte. Die Schotten halten den Schutzpatron der Grünen Insel aber für einen geborenen Schotten, der die Technik im heimatlichen Dumbarton aufgeschnappt haben musste.

Den Kampf um die erste Aufzeichnung hat aber Schottland gewonnen – zumindest bis jetzt. Seit dem 15. Jahrhundert wird dort Whisky destilliert. Im Archiv des schottischen Schatzamtes gibt es eine Eintragung aus dem Jahr 1494 – sie gilt als die erste – über die Zuteilung von 8 bolls Gerste zur Herstellung von »Lebenswasser« an den Mönch Bruder John Cor aus Fife. Ihm wird auch die erste Erzeugung eines whiskyähnlichen Getränkes aus Gerstenmalz zugeschrieben.

Ob aber nicht doch eher die Iren für die Erfindung des lebensspendenden Getränks verantwortlich sein könnten? Das Wort Whisky stammt ursprünglich aus dem Gälischen und ist eine Abkürzung des Wortes *uisge beatha* oder *usquebaugh*, später wurde daraus *uiskie* und schließlich Whisky. Im Lateinischen bezeichnete man Whisky als *aqua vitae*, zu Deutsch »Wasser des Lebens«. Unterschiede beim Whisky gab es aber schon damals. Die Schotten verwendeten, im Gegensatz zu den Iren, nicht Kohle zum Feuern der Öfen, um die gekeimte Gerste zu trocknen, sondern Torf, was dem schottischen Whisky sein rauchiges Aroma bescherte.

Robert Burns, dem ein gewisser Hang zum Genuss von Gerstensäften verschiedenster Art nachgesagt wird, hat dem »Wasser des Lebens« in vielen Balladen, Gedichten und Liedtexten seine Reverenz erwiesen. In seiner Vers-Erzählung »Tam O' Shanter« hat sich der Dichter möglicherweise selbst porträtiert: Die Zuneigung des Protagonisten zum Alkohol, die Freude am geselligen Zusammensein mit Kumpanen sowie sein gerne gepflegtes Verhältnis zum weiblichen Geschlecht würden dafür sprechen. Jedenfalls sitzt Tam O' Shanter nach einem Markttag im Wirtshaus, zecht mit Freunden und Frauen, während sein Eheweib zornig daheim wartet. Ziemlich illuminiert macht er sich schließlich zu Pferd auf den Heimweg und kommt an der Kirchenruine von Alloway, dem Geburtsort von Burns, vorbei. Der Überlieferung nach spukt es dort. Hexen und Kobolde treiben ihr Unwesen und der Satan persönlich spielt zum Geistertanz auf. Voll der Angst um sich und sein Pferd fleht Tam O' Shanter die personifizierte Umschreibung von Alkohol aus Gerste, »John Barleycorn« (zu Deutsch etwa »Hans Gerstenkorn«), um Hilfe an:

Inspiring bold John Barleycorn!
What dangers thou canst make us scorn!
Wi' tippenny, we fear nae evil;
Wi' usquabae, we'll face the devil!

Gerstensäfte jeder Art haben Robert Burns zu manchem Gedicht angeregt

Befeuernder John Barleycorn!
Bei dir haben Ängste nichts verlor'n!
Mit Bier vergeht uns jeder Zweifel,
Mit Whisky pfeifen wir auf den Teufel!

Robert Burns, *»Tam O' Shanter, A Tale«, Auszug*

Wie schon bei der Herstellung von Bier, taten sich auch im Falle des Whiskys die Mönche hervor. Tatsächlich fand er hinter den Klostermauern weniger als Genussmittel seinen Einsatz, sondern vielmehr als Medizin. Selbstverständlich wurde er auch in den klostereigenen Gasthäusern ausgeschenkt und erlangte so weithin Bekanntheit. Durch die Auflösung der Klöster durch Heinrich VIII. mussten sich zahlreiche Mönche einen neuen Lebensunterhalt suchen und so wurde das Wissen um die Geheimnisse des Brennens im ganzen Land verstreut.

1505 erwarb die Zunft der Chirurgen und Bader das Monopol zur Whiskyherstellung. Schon knapp 50 Jahre später gab es zahlreiche Verstöße gegen das Monopol zu vermelden. Da Gerste in Schottland als Nahrungsmittel knapp wurde, erhielt ausschließlich der Adel das Recht zu brennen. Auch genossen hat ihn damals, aus Kostengründen wohl, meist die Oberschicht, der Rest trank Ale. Das änderte sich jedoch im Laufe eines Krieges gegen die Holländer, bei dem die gemeinen Soldaten die Vorzüge des Destillats für sich entdeckten.

In Schottland betätigten sich bald darauf die Kleinbauern als Brenner und nutzten nach guten Ernten den Überschuss zur Herstellung von Whisky für den Hausgebrauch. Interessant ist, dass der Whiskygenuss damals nicht nur Männern vorbehalten war, auch Frauen tranken ihn ab und zu und selbst Kinder bekamen einen Teelöffel des Lebenswassers.

Whisky wurde nicht nur pur getrunken, sondern immer schon auf verschiedenste Weise zur Zubereitung von Speisen und Mixgetränken verwendet. Ein Beispiel dafür ist *Atholl Brose,* eine Art Brei aus Hafermehl, Wasser, Heidehonig, Sahne/Rahm und Whisky. Benannt ist dieses Getränk nach dem Duke of Atholl in den Highlands und wird erstmals im 15. Jahrhundert erwähnt.

Auf seiner zweiten Hochland-Tour 1787 besuchte Robert Burns den damals berühmtesten »Scotch Fiddler« Niel Gow. Die »erste Geige« seiner Zeit spielte für den Dichter nicht nur auf, sondern schenkte ihm einige seiner Kompositionen, die Burns danach einer Reihe von Liedtexten zugrunde legte. Gut möglich, dass Burns bei seiner Einkehr im Hause von Niel Gow, der bei dieser Gelegenheit die traditionelle Tracht, einen »Tartan«, getragen haben wird, auch den folgenden Spruch gehört hat:

Aye since he wore the tartan trews
He dearly lo'ed the Atholl brose.

Seit ihm ein Tartan angemessen,
Ist Atholl brose sein Lieblingsessen.

Spruch von Niel Gow

Obwohl Burns als Lowlander kaum Gälisch sprach und wahrscheinlich nicht viel mehr als den Begriff *usquebaugh* oder *usquebae* kannte, wird ihm bei seinen Besuchen in den Highlands der eine oder andere traditionelle gälische Trinkspruch zu Ohren gekommen sein. Der Überlieferung nach steht der Redner bei solch einem Spruch mit einem Fuß auf dem Stuhl, mit dem anderen auf dem Tisch und hält sein Glas in der rechten Hand. Er untermalt den Trinkspruch mit entsprechenden Gesten und schleudert bei seinen letzten Worten das Glas über die linke Schulter zu Boden, sodass es in Hunderte Teile zersplittert:

Suas e, suas e!
Sios e, sios e, sios e!
A null e, a null e, a null e!
A nall e, a nall e, a nall e!
Sguab as e!
Agus cha n'òl neach eile as
A ghloine so gu bràth!

Hoch damit, hoch damit!
Runter damit, runter damit, runter damit!
Weg von mir, weg von mir, weg von mir!
Her zu mir, her zu mir, her zu mir!
Trink es aus!
Und kein anderer soll aus diesem Glas
Jemals wieder trinken!

Alter gälischer Trinkspruch aus dem Hochland

Erst im 16. Jahrhundert wurde ein Gesetz erlassen, um das Destillieren von Whisky zu regeln. Die geniale Idee, Whisky zu besteuern, hatte der Puritaner und erste Lordprotector Englands, Oliver Cromwell. Nach dessen Sturz durch den genussfreudigen Charles II. wurde die Steuer rasch wieder abgeschafft, dafür wurde versucht, sie in Irland durchzusetzen, was aber völlig wirkungslos blieb.

Mit diesem unliebsamen Thema sahen sich die Schotten anlässlich der Vereinigung von Schottland und England konfrontiert. Die englische Malzsteuer wurde nun auch in Schottland eingeführt, was in Glasgow und Edinburgh Aufstände durch wütende Brenner hervorrief. Die weiteren logischen Folgen waren ein enormer Preisanstieg und Proteste aus dem Volk, logischerweise wurden Schwarzbrennen und Schmuggeln von Whisky nun zu blühenden Geschäftszweigen. Die Qualität der einzelnen Whiskys war mehr als unterschiedlich. Immer auf der Hut vor den Steuereintreibern wurden die Brennblasen oft nur kurz in Betrieb genommen, bevor sie schnell wieder abgebaut wurden.

Versuche, in Irland eine ähnliche Alkoholsteuer durchzusetzen, scheiterten. Die Iren ignorierten das erlassene Gesetz einfach. Missernten führten in Schottland dazu, dass das Brennen von Whisky für drei Jahre verboten war. Daran hielten sich allerdings nur die sieben offiziellen Brennereien, die ihre Steuern zahlten, der Rest (etwa 400) machte fröhlich weiter. In Schottland wurde die Einmischung Londons in das

Whiskybrennen immer mehr als Unterdrückung wahrgenommen. Denn oft war das Brennen von Whisky die einzige Möglichkeit, aus den landwirtschaftlichen Erzeugnissen finanziellen Nutzen zu ziehen. Nahezu 200 Jahre hielt der Widerstand gegen die hohe Besteuerung des Whiskys an.

Den Unmut der Schotten gegen die wiederholte Einflussnahme der Obrigkeit und der Behörden auf das Whiskybrennen hat Robert Burns in seiner Vers-Ballade »John Barleycorn« auf diese Weise ausgedrückt:

John Barleycorn was a hero bold,
Of noble enterprise,
For if you do but taste his blood,
'Twill make your courage rise.

John Barleycorn, der war ein Held,
So stolz war er und kühn;
Wenn du von seinem Blute trinkst,
Beginnt dein Mut zu glüh'n.

'Twill make a man forget his woe;
'Twill heighten all his joy;
'Twill make the widow's heart to sing,
Tho' the tear were in her eye.

Ein jeder Mann vergisst sein Weh',
Es steigert seine Freud';
Es singt in einer Witwe Herz,
Trotz tränenvollem Leid.

Then let us toast John Barleycorn,
Each man a glass in hand;
And may his great posterity
Ne'er fail in old Scotland!

Ein Prost drum auf John Barleycorn,
Die Gläser nehmt zur Hand;
Auf dass seine große Enkelschar
Nie fehlt im Schottenland!

Robert Burns, *»John Barleycorn – A Ballad«, Auszug*

Die Ironie des Schicksals verfügte, dass Robert Burns ein »Exciseman« wurde. Das Überleben seiner Familie konnte er als Farmer nicht gewährleisten, weshalb er wohl oder übel beschloss, sich bei der Steuerbehörde zu bewerben. So wurde er Eichmeister, Steuereintreiber und Zöllner.

»Es sprach sich bald herum, dass der neue Eichmeister einen scharfen Blick hatte für Seide und selbstgemachte Kerzen, eine sehr feine Nase für Tabak, Tee und Brandy und kein nennenswertes Mitleid mit einem unehrlichen Kaufmann«, zitiert der Burns-Forscher Norman Elrod den schottischen Burns-Biografen James A. Mackay.

Ein paar Anekdoten haben sich erhalten, die sich auf Burns' Dienst bei der Steuerbehörde beziehen. Professor Gillespie erinnerte sich, als 12-jähriger Junge Robert Burns im August 1790 auf einem Markt in Thornhill gesehen zu haben. In der Old Street wohnte eine arme Frau, Kate Watson, die an Festtagen eine Marktbude führte:

> Ich sah den Dichter in die Türe treten und erwartete eine sofortige Beschlagnahmung eines bestimmten Kruges und eines Fasses, die meines Wissens die Schmuggelware enthielten, welche er suchte. Ein Klopfen, begleitet von einer vielsagenden Bewegung des Zeigefingers, brachte Kate an die Türöffnung, und ich stand nahe genug, um die folgenden deutlich gesprochenen Worte zuhören: »Kate, bist du verrückt? Weißt du nicht, dass der Oberaufseher und ich spätestens in einer dreiviertel Stunde bei dir reinschauen werden? Auf Wiedersehen bis nachher.« Ich erfuhr, dass der freundliche Hinweis nicht missachtet wurde. Er bewahrte eine arme Witwe vor einer Geldstrafe von mehreren Pfund, was für die öffentlichen Einnahmen wahrscheinlich eine Einbuße von lediglich 5 Shilling bedeutete.

Eine andere Geschichte betraf Jean Dunn, eine »verdächtige Händlerin«, die am Morgen eines Markttages sah, wie Burns und ein Berufskollege sich ihrer Hütte näherten:

> Sie schlüpfte durch die Hintertüre, um der Untersuchung zu entgehen; im Haus blieben nur ihre kleine Tochter und ein Mädchen, das auf sie aufpasste. »Wurde hier etwas gebraut für den Markt heute?«, erkundigte sich Burns, als er die Hütte betrat. »Oh nein, mein Herr«, antwortete das Dienstmädchen, »wir haben keine Lizenz dafür.« »Das stimmt nicht!«, rief das Kind, »die große schwarze Kiste ist voll mit Flaschen oder dem Zeug, das meine Mutter die ganze

> Nacht lang für den Markt gebraut hat.« Burns Kollege zeigte auf einen Vogelkäfig und fragte: »Spricht dieser Vogel?« – »In diesem Haus ist kein weiterer sprechender Vogel nötig, solange dieses Kind da ist«, sagte Burns zu ihm und fuhr fort: »Wir sind jetzt gerade in Eile, aber wenn wir vom Markt zurückkommen, werden wir die große schwarze Kiste anschauen.« Solchermaßen gewarnt gelang es Jean Dunn, ihren Biervorrat aus dem Haus zu schaffen, bevor die Steuerbeamten zurückkamen.

Dass Robert Burns über dieser Arbeit das Dichten nicht vergaß, belegt ein Gedicht, das ihm von Arbeitskollegen abverlangt wurde, als sie auf Verstärkung warten mussten, um ein Schmugglerschiff kapern zu können. Burns schrieb in kurzer Zeit ein Lied über die Freude der Leute, wenn der Teufel den »Exciseman« holt:

The deil came fiddlin thro' the town,
And danc'd awa wi' th' Exciseman;
And ilka wifes cries, auld Mahoun,
I wish you luck o' the prize, man.

Der Teufel hat aufgespielt in der Stadt
Und ist abgetanzt mit dem Finanzer.
Die Frau'n schrie'n laut: »Um den ist's nicht schad,
Los, weg mit dem alten Strawanzer!«

The deil's awa the deil's awa,
The deil's awa wi' th' Exciseman,
He's danc'd awa he's danc'd awa,
He's danc'd awa wi' th' Exciseman.

Zum Teufel mit ihm, zum Teufel mit ihm,
Zum Teufel mit dem Finanzer.
Er hat ihn geholt, er hat ihn geholt
Er hat ihn geholt den Finanzer.

We'll mak our maut and we'll brew our drink,
We'll dance, and sing, and rejoice, man;
And monie braw thanks to the meikle black deil,
That danc'd awa wi' th' Exciseman.

Wir mälzen uns Malz und brau'n unsern Trank
Und singen im Chor, als ein Ganzer:
»Du Teufelskerl, dir unser'n herzlichen Dank,
Du hast uns befreit vom Finanzer!«

There's threesome reels, there's foursome reels,
There's hornpipes and strathspeys, man,
But the ae best dance e'er cam to the land
Was, the deil's awa wi' th' Exciseman.

Im Zweier-, Dreier- und Vierertakt,
Mit Marschmusik, so wie ein Landser,
Hat er ihn, uns zur Freude, gepackt
Und ist abgetanzt mit dem Finanzer!

ROBERT BURNS, *»The Deil's Awa Wi' Th' Exciseman«*

Eine Änderung der Situation gab es erst 1823 mit dem *Excise Act*. Nach dieser gesetzlichen Verfügung konnte jeder eine offizielle Lizenz erwerben und gegen eine Gebühr Whisky destillieren. Daraus resultierte, dass die Zahl der zugelassenen Destillerien von 111 auf 263 anstieg, womit der Grundstein für die heutige moderne schottische Whisky-Industrie gelegt wurde.

Die Legalisierung ging zwar nicht reibungslos vonstatten, aber gegen Ende des 19. Jahrhunderts waren kaum mehr Schwarzbrennereien zu finden. Die erste Lizenz wurde dem Farmer George Smith aus Glenlivet zugesprochen, Produzent des Lieblingswhiskys von König George IV. Aber auch Walter Scott, Charles Dickens und Robert Burns waren begeisterte Anhänger dieser Whiskykreation. Vielleicht hatte Burns diesen Whisky im Sinn, als er das folgende Trinklied verfasste:

Here's a bottle and an honest friend!
What wad ye wish for mair, man?
Wha kens, before his life may end,
What his share may be of care, man?

Ein Fläschchen und ein guter Freund!
Was wünschst du da noch mehr, Mann?
Wer weiß, wenn mal der Tod erscheint,
Ob's leicht fällt oder schwer, Mann?

There's nane that's blest of human kind,
But the cheerful and the gay, man,
There's nane that's blest of human kind,
But the cheerful and the gay, man.

'S gibt nichts, was Menschen mehr erfreut,
Als Heiterkeit und Frohsinn, Mann!
'S gibt nichts, was Menschen mehr erfreut,
Als Heiterkeit und Frohsinn, Mann!

Then catch the moments as they fly,
And use them as ye ought, man;
Believe me, happiness is shy,
And comes not aye when sought, man.

Halt fest die Zeit, sie fliegt vorbei,
Und nutz' sie, wie's nur geht, Mann;
Glaub mir, das Glück ist etwas scheu,
Kommt meistens viel zu spät, Mann.

Robert Burns, *»A Bottle And A Friend«*

1826 wurde von Robert Stein ein kontinuierliches Destillierverfahren erfunden, das John Haig weiterentwickelte. 1830 verbesserte schließlich der Ire Aeneas Coffey das Verfahren mithilfe eines neuen Brennapparates. Während die Iren trotzdem an ihrer traditionellen Whiskyherstellung festhielten, führten die Schotten das neue Verfahren ein. Sein Vorteil war, dass man konstant Whisky brennen konnte, was den Ausstoß erhöhte. Jedoch verlor das Produkt dadurch das typische Torfaroma und so verschnitt man es mit torfigen Highland-Whiskys. 1850 wurde der erste Blended Whisky, also ein Verschnitt aus beiden, verkauft. Dieses Getränk fand bald begeisterte Anhänger in England und Europa, die bis dahin mehr dem milderen irischen Whisky zugetan waren. Da das schottische Getränk nur zweimal destilliert wurde, das irische aber traditionell drei Durchgänge brauchte, konnte Schottland seine Produkte weit günstiger anbieten und brach so das irische Whiskymonopol.

Der endgültige Durchbruch gelang jedoch erst in der zweiten Hälfte des 19. Jahrhunderts. Durch das Auftreten von Reblaus und Mehltau wurden in Frankreich weite Teile der Weinstöcke vernichtet und damit wurden auch Cognac und Brandy knapp und teuer. Die Engländer mussten auf diese geliebten alkoholischen Getränke verzichten und wandten sich dem Whisky zu. Von England aus verbreitete sich der Whisky schließlich über Europa und trat seinen Siegeszug um die ganze Welt an.

Mit den schottischen und irischen Auswanderungswellen um 1870 gelangte auch das Wissen um die Whiskyproduktion nach Amerika. Bis dahin waren die neuen Kolonien, dank der vorher eingewanderten Puritaner, weitgehend »trocken«. Die Neuankömmlinge bauten Roggen an und begannen damit, Whisky herzustellen. Da die Gerste auf dem neuen Kontinent nicht gut wuchs, behalf man sich mit Weizen und Mais. Die rauchige Note versuchte man herzustellen, indem man die Fässer ausbrannte.

Geradezu als nationalen Mythos und als seine persönliche »Muse« hat Robert Burns den schottischen Whisky in seinem mehrteiligen Gedicht »Scotch Drink« besungen. Gleichzeitig beklagt der Dichter die Unsitte so mancher Landsleute, nach fremdartigen Getränken zu greifen, statt das »Wasser des Lebens« zu genießen:

Let other Poets raise a fracas
'Bout vines, an' wines, an' druken Bacchus,
An' crabbed names an' stories wrack us,
An' grate our lug,
I sing the juice Scotch bear can mak us,
In glass or jug.

Lasst and're Dichter Sprüche klopfen,
Von Reben, Wein, betrunk'nen Pfropfen,
Sie woll'n mit Fremdworten uns stopfen,
Voll Trug und Lügen.
Ich aber sing' vom Gersten-Edeltropfen
In Glas und Krügen.

O thou, my Muse! guid auld Scotch Drink!
Whether thro' wimplin worms thou jink,
Or, richly brown, ream owre the brink,
In glorious faem,
Inspire me, till I lisp an' wink,
To sing thy name!

Du bist meine Muse, Schottentrank!
Schlängelst dich durch's Brennrohr lang,
Stehst goldbraun später auf der Schank
Mit schönstem Schaum.
Beflügel mich, bis ich singend dank',
Dein Name, ein Traum!

Thou clears the head o' doited Lear,
Thou chears the heart o' drooping Care;
Thou strings the nerves o' Labour-sair,
At's weary toil;
Thou ev'n brightens dark Despair,
Wi' gloomy smile.

Du machst den Kopf klar der Verwirrten;
Du stärkst das Herz der schwer Blessierten;
Du hilfst sogar den Ramponierten
In ihrer Qual;
Du bringst sogar die arg Sekkierten
Zum Lachen mal.

Wae worth that Brandy, burning trash!
Fell source o' monie a pain an' brash!
Twins monie a poor, doylt, drucken hash
O' half his days:
An' sends, beside, auld Scotland's cash
To her warst faes.

Der Weinbrand, pfui, ist Teufelstrank!
Er bringt nur Leid und macht uns krank!
So mancher Narr säuft arm sich lang
Durch Tag' und Nächte,
Gibt Schottengeld statt auf die Bank
An fremde Mächte!

Ye Scots wha wish auld Scotland well,
Ye chief, to you my tale I tell,
Poor, plackless devils like mysel,
It sends you ill,
Wi' bitter, dearthfu' wines to mell,
Or foreign gill.

Ihr Schotten, denkt an euer Land,
Es ist, ich sag's euch, eine Schand'.
Ich bin, wie ihr, als arm bekannt,
Das muss sich ändern.
Nehmt nicht den teu'ren Wein zur Hand
Aus fremden Ländern.

May Gravels round his blather wrench,
And Gouts torment him, inch by inch,
Wha twists his gruntle wi' a glunch
O' sour disdain,
Out owre a glass o' Whisky-punch
Wi' honest men!

Soll'n jene Nierensteine kriegen,
Und mit der Gicht im Bett 'rumliegen,
Die immer das Gesicht verbiegen
Mit sau'rem Gezwinker,
Weil's selber nicht auf Whisky fliegen,
Wie ehrbare Trinker!

O Whisky! soul o' plays an' pranks!
Accept a Bardie's gratefu' thanks!
When wanting thee, what tuneless cranks
Are my poor Verses!
Thou comes – they rattle i' their ranks
As ither's arses!

Oh Whisky, du Seele vom Gesang!
Dir sagt der Dichter schönen Dank!
Fehlst du, sind meine Verse bang'
Wie Trauermärsche!
Nahst du, dann explodier'n sie lang
Wie andern die Ärsche!

Fortune, if thou'll but gie me still
Hale breeks, a scone, an' Whisky gill.
An' rowth o' rhyme to rave at will,
Tak a' the rest,
An' deal't about as thy blind skill
Directs thee best.

Oh Schicksal, bitte gib mir nur
Ein Brot, eine Hose und Whisky pur,
Und Reime für meine Dichtertour;
Behalt' die Reste,
Verteil' sie blindlings oder stur,
Mach' draus das Beste.

Robert Burns, *»Scotch Drink«, Auszug*

Große Rückschläge mussten die Whiskybrennereien durch die beiden Weltkriege und die Prohibition in den USA verkraften. Während des Ersten Weltkrieges wurde die Herstellung stark reduziert, 1917 zur Gänze unterbunden. Danach konnten die Whisky-Erzeuger nur langsam wieder Fuß fassen. Erschwerend kamen noch erhöhte Alkoholsteuern dazu, die den Absatz bremsten.

Die Prohibition wiederum war zwar für die Schwarzbrenner ein wahres Fest, für die offiziellen Destillerien in Irland fast ein Todesstoß. Die schottischen Whiskys fanden, über den Umweg Kanada, weiterhin Abnehmer. Dort durfte aber hochprozentiger Alkohol nur für industrielle Zwecke produziert werden. Also wurde der Import aus Schottland mit kanadischen Produkten verschnitten und dann in die USA geschmuggelt. Ironischerweise war der Absatz von Scotch Whisky während der Prohibition höher als davor. Einem Whisky (Laphroaig) gelang es sogar, die Gesetzgebung ganz zu unterlaufen. Aufgrund seines stark torfigen Geschmacks, konnte er sich während der betreffenden Jahre als »Medizin« tarnen und wurde ganz offiziell in Apotheken verkauft. Als dann 1934 das Verbot aufgehoben wurde, wandten sich die Konsumenten vermehrt den schottischen Erzeugnissen zu, da die Iren durch die stark reduzierte Produktion keine Möglichkeit hatten, den Markt zu bedienen.

Während des Zweiten Weltkrieges kam es wieder zu massiven Einschnitten. 1939 wurde die Whiskyproduktion untersagt, weil die im Land erzeugte Gerste für die Lebensmittelherstellung benötigt wurde. Dank ausreichender Lagerbestände konnte die Versorgung halbwegs sichergestellt werden. Ab 1944 durften die Brennereien wieder in geringen Mengen für den Export produzieren. Die hohen Wiederaufbaukosten nach Kriegsende sorgten dafür, dass erst Ende der 1950er Jahre die Nachfrage wieder ganz gedeckt werden konnte.

Bill o' Fare
John Barleycorn

Das Whisky-Menü

Spicy Parsnip Soup with Whisky

Roast Duck with Parsnip-Vanilla Purée and Poached Whisky Pears

Toffee Whisky Pudding

Pastinakencremesuppe, mit Whisky verfeinert

Entenbrust mit Vanille-Pastinaken-Püree und Whisky-Birnen

Karamell-Whisky-Pudding

Pastinakencremesuppe, mit Whisky verfeinert
Spicy Parsnip Soup with Whisky

1 Zwiebel
3 große Pastinaken, geschält und klein geschnitten
2 Karotten, geschält und klein geschnitten
2 EL Pflanzenöl
1 TL Salz
1 Prise schwarzer Pfeffer
1–2 TL Currypulver
1 TL Koriander, gemahlen
1 TL Kreuzkümmel
1,5 l Gemüsebrühe
100 ml Schlagsahne
20 ml vom begleitenden Whisky

Die fein gehackte Zwiebel im heißen Öl anschwitzen. Dann die Karotten und die Pastinaken hinzugeben und mit der Gemüsebrühe ablöschen. Sobald die Suppe kocht, Currypulver, Pfeffer, Salz, Koriander und Kreuzkümmel dazugeben und bei geschlossenem Deckel und reduzierter Hitze etwa 50 Minuten köcheln lassen. Die Suppe pürieren, mit Schlagsahne und Whisky abschmecken.

Entenbrust mit Vanille-Pastinaken-Püree und Whisky-Birnen
Roast Duck with Parsnip-Vanilla Purée and Poached Whisky Pears

Für das Püree:
2 Pastinaken, geschält und fein gehackt
200 ml Milch
70 ml Crème fraîche
½ Vanillestange
40 g Butter
Salz und schwarzer Pfeffer aus der Mühle

4 Barbarie- bzw. Flugentenbrüste
etwas Butter

Für die Birnen:
150 g Puderzucker
150 g Butter
150 ml Wasser
4 geschälte Birnenhälften mit Stängel
10 ml vom begleitenden Whisky

Den Backofen auf 220 °C vorheizen.
Die Pastinaken in der Milch gemeinsam mit der Crème fraîche und dem ausgekratzten Vanillemark aufkochen. Bei halber Hitze köcheln lassen, bis die Pastinaken weich sind (etwa 20 Minuten). Mit einem Kartoffelstampfer zerdrücken, Butter unterrühren und mit den Gewürzen abschmecken.
Für die Birnen Zucker und Butter in einen kleinen Topf geben, Wasser dazugeben und aufkochen. Die Hitze reduzieren und die Birnenhälften beigeben. Köcheln, bis die Birnen schön weich sind (etwa 20 Minuten). Dann die Birnen mit dem Whisky beträufeln und flambieren. Sobald sich der Alkohol verflüchtigt hat, vom Herd nehmen und auskühlen lassen.
Die gewaschenen und trocken getupften Entenbrüste salzen und pfeffern, auf der Hautseite in einem Bräter in Butter ca. 5 Minuten goldbraun braten, danach wenden und nur kurz anbraten. Wieder wenden und mit der Hautseite nach unten im Backofen etwa 8 Minuten grillen, das Fleisch aus dem Ofen nehmen und etwas ruhen lassen.

Die Entenbrüste auf vorgewärmten Tellern auf das Püree setzen und mit frischen Kräutern garnieren. Die Birnenhälften daneben anrichten und mit der eingedickten Birnen-Kochflüssigkeit übergießen.

Der Whiskytipp zum Hauptgang: Bunnahabhain Eirigh na Greine, 46,3% Vol.

Karamell-Whisky-Pudding
Toffee Whisky Pudding

Für 8 Portionen:
750 ml Milch
240 g Zucker
80 ml Whisky Single Malt J.H. , Destillerie J. Haider
5 EL Maisstärke
1 Vanilleschote
50 g gehackte Haselnüsse
1 TL Butter
200 g Schlagsahne
1 EL Maiskeimöl

500 ml Milch mit 100 ml Wasser aufkochen. 200 g Zucker in einem Topf karamellisieren, mit dem Milch-Wasser-Gemisch ablöschen und erneut aufkochen. Die Vanilleschote ausschaben und Mark sowie Schote mit der restlichen Milch, Whisky und Maisstärke verquirlen. In die Karamellmilch geben, kurz aufkochen lassen, dann die Vanilleschote entfernen. Auskühlen lassen, bis der Pudding fest wird. Den übrigen Zucker karamellisieren. Nüsse und Butter unterrühren, auf ein Stück geölte Alufolie streichen und auskühlen lassen, danach zu Krokant zermahlen. Schlagsahne steif schlagen, auf den Pudding geben und mit dem Krokant bestreuen.

»SERVIERT UNS HAGGIS!«

Fragt man Schotten nach *der* typischen Speise des Landes, erhält man sicher zur Antwort: »Haggis!« Außerhalb Schottlands ist dieses Gericht aber erst durch Robert Burns bekannt geworden. In seinem Gedicht »Address To A Haggis« hat Burns das beschrieben, was seinen Landsleuten, zumindest der ärmlichen bäuerlichen Bevölkerung im 18. Jahrhundert, als seltenes Festessen galt, also nicht alle Tage auf den Tisch kam: ein rustikales, deftiges Mahl aus denjenigen Ingredienzien, die Stallung und Feld zu bieten hatten.

Ein Essen mit Haggis ist fester Bestandteil und kulinarischer Mittelpunkt bei jedem *Burns Supper* bzw. bei jeder *Burns Night*. Das erste Festmahl dieser Art fand am 21. Juli 1801 statt. Damals, fünf Jahre nach dem Tod von Robert Burns, versammelten sich Freunde des Dichters in dessen Geburtshaus in Alloway zu einem Gedenk-Essen. Seither wird dieses kulinarisch-poetische Fest nicht nur in allen Teilen Schottlands, den Highlands, Lowlands, Islands und Borderlands, gefeiert, sondern überall dort, wo sich größere Gruppen schottischer Auswanderer niedergelassen haben: in den USA, in Kanada, Australien, Neuseeland und Südafrika. Burns Supper bzw. Burns Night wird in letzter Zeit allerdings am 25. Januar, dem Geburtstag des Dichters, oder am Abend davor zelebriert. Dieser Brauch hat auch in vielen europäischen Ländern unter Schottland-Freunden, Whisky-Liebhabern und Burns-Bewunderern weite Verbreitung gefunden.

Bei einem Burns Supper wird in jeder Hinsicht kräftig zugelangt. Die *Bill o' Fare*, die Speisekarte, verspricht den Gästen nicht nur Speis und Trank, sondern auch einiges an Gedichten, Balladen und Liedtexten aus der Feder des verehrten Barden.

Burns war aufrechter Christ, obwohl er ständig mit der presbyterianischen Church of Scotland überkreuz war und die obersten Vertreter der Kirche ihrer Frömmelei und Scheinheiligkeit wegen in vielen satirischen Versen verspottete. Dennoch darf zu Beginn des Essens der Tradition entsprechend ein Segensspruch von Burns nicht fehlen. Der Dichter hat den folgenden »Selkirk Grace« 1794 geschrieben, als er beim Earl of Selkirk in St. Mary Isle, Kirkcudbright, zu Gast war:

Some hae meat and canna eat
And some wad eat that want it:
But we hae meat and we can eat,
And sae the Lord be thankit.

Einer hat Essen und ist überfressen,
Ein and're hat nie was im Magen:
Wir aber essen hier Delikatessen,
Vergelt's Gott, müssen wir sagen.

ROBERT BURNS, *»The Selkirk Grace«*

Der erste Gang beim historischen Burns Supper wird, wie auch heute noch, eine *Cock-a-Leekie-Soup* aus Hühnerfleisch, Lauch, Dörrpflaumen und Gewürzen gewesen sein. Burns, der seine ersten Erfolge als Poet in »Auld Reekie« (alte Bezeichnung für Edinburgh) gefeiert hatte, sollte den folgenden Spruch gekannt haben:

I' have supped gude bree i' mony a howff
Wi' in Auld Reekie,
But nane wi' siccan a gusty gowff
As cock-a-leekie.

Viel gute Speisen servierte man hier
In *Auld Reekie,*
Doch besser als alles schmeckte mir
Cock-a-leekie.

Alter Spruch aus Edinburgh

Nach der Suppe folgt das Hauptgericht Haggis, das vom Wirt, Küchenchef oder Gastgeber in Begleitung eines Pipe-Masters im Kilt zu Dudelsackklängen hereingetragen wird. Damit beginnt ein immer wiederkehrendes Ritual bei jedem Burns Supper. Ein Rezitator begrüßt die Speise mit dem Burns'schen »Address To A Haggis«, der achtstrophigen Lobrede auf den Haggis:

Fleisch gab es im Hause Burns sehr selten, dafür oft Haferbrei

Fair fa' your honest, sonsie face,
Great chieftain o' the pudding-race!
Aboon them a' yet tak your place,
Painch, tripe, or thairm:
Weel are ye wordy of a grace
As lang's my arm.

Sei mir gegrüßt so rund und weich,
Du großer Fürst im Puddingreich!
Kein and'rer kommt dir jemals gleich,
Mit Leber, Lunge oder Darm:
Ein Tischgebet sprech' ich sogleich,
Lang wie mein Arm.

The groaning trencher there ye fill,
Your hurdies like a distant hill,
Your pin wad help to mend a mill
In time o' need,
While thro' your pores the dews distil
Like amber bead.

Wie liegst du brutzelnd in der Pfann',
Steigst wie ein Hintern hüg'lig an,
Dein Herz gibt Kraft, da könnte man
Mühlräder treiben;
Wie Bernstein auf deiner Haut sodann
Safttropfen bleiben.

Robert Burns, *»Address To A Haggis«, 1. und 2. Strophe*

Wenn Robert Burns in seiner Ode vom »Great chieftain o' the pudding-race« spricht, dann darf »Pudding« selbstverständlich nicht mit der gleichnamigen kontinentalen Süßspeise verwechselt werden. Die Idee zum Haggis-Gedicht kam Burns im Herbst 1786 bei einem Aufenthalt in Edinburgh. Er besuchte dort einen Freund, den Händler Andrew Bruce, und dieser lud den Dichter zu einem Familienessen ein. Als Spezialität bereitete die Ehefrau des Gastgebers Haggis zu. Sie verwendete dazu nur beste Schafsinnereien, die sie am selben Tag morgens am Flesh Market eingekauft hatte. Den ganzen Tag über war sie mit der Zubereitung des Haggis befasst, bis sie schließlich den Schafsmagen mit den köstlichen Zutaten füllte und in den Kochtopf legte. Am selben Abend wurde der Haggis unter Beifallskundgebungen verspeist. Burns war von dem sättigenden Mahl so angetan, dass er darauf sein »Address To A Haggis« schrieb, welches dann in der Dezemberausgabe des *Caledonian Mercury* veröffentlicht wurde.

Zum Ursprung des Begriffs Haggis gibt es unterschiedliche Ansichten: Das erste niedergeschriebene Rezept soll als *hagese* um 1430 in Nord-West-England aufgetaucht sein. Die klangliche Verwandtschaft zu den deutschen Begriffen »hacken« und »Hackfleisch/Haschee« oder zu »hacher« im Franzözischen ist offenkundig. Mit Haggis annähernd vergleichbar sind die in manchen Regionen Europas gebräuchlichen Leberwürste.

Legenden und Mythen gehören in Schottland seit jeher zum Repertoire der Erzählkunst. So ähnlich wie »Nessie«, dem Fabelwesen vom Loch Ness, das angeblich immer wieder gesichtet wird, ergeht es auch dem Haggis. Die Schotten sind zwar ein Volk mit eigenwilligem Humor, wird jedoch über Haggis abfällig gesprochen, dann verstehen sie keinen Spaß und drehen den Spieß um. Besuchern und Touristen, vor allem aus England und den USA, die bei der Erwähnung des schottischen Nationalgerichts die Nase rümpfen, wird folgender Bär aufgebunden:

Haggis ist die Bezeichnung für zwei Vogelarten in den Highlands. Der Low-flying-Haggis bewegt sich so schnell und in derart geringer Höhe über dem Heidekraut, dass man ihn nie zu Gesicht bekommt. Der Left-driving-Haggis hat links kürzere Beine als rechts, um an den steilen Hängen der Highlands besser Halt zu finden. Um diesen Vogel zu fangen, treibt man ihn ins flache Land, wo er seiner Anatomie wegen einfach umkippt. Bei der Jagd auf den Haggis, traditionell Ende Januar, wird mit dem Dudelsack der Paarungsruf des Vogels imitiert.

Laut einem Bericht der Zeitung *The Guardian* vom 27. November 2003 habe eine Umfrage unter US-amerikanischen Schottlandbesuchern ergeben, dass 33 % an die Existenz dieser Vogelarten glauben. 23 % gaben an, sie kämen in der Hoffnung nach Schottland, den Haggis bei der Jagd zu erlegen.

Nicht auf einer Legende beruht folgende Eintragung im Guinness-Buch der Rekorde: »Am 24. Mai 1984 gelang Alan Pettigrew auf der schottischen Insel Inchmurrin mit 55 Metern ein Meisterwurf mit einem Haggis. Die »Haggis-Hurling-Weltmeisterschaften« sind zu einem echten Volkssport geworden und laufen bei den beliebten »Highland Games« nach strengen Regeln ab. Der Werfer muss bei seinem Wurf mit beiden Beinen auf einem Whiskyfass stehen. Der verwendete Haggis muss nach traditionellem Rezept zubereitet sein, muss zum Zeitpunkt des Wurfes bereits abgekühlt und darf nicht durch zusätzliche Mittel schwerer gemacht sein.«

Doch zurück zum authentischen Haggis im Rahmen eines Burns Supper: In seiner Haggis-Lobrede nimmt der Rezitator bei der Textstelle »An' cut you up …« ein Messer zur Hand und »schlachtet« den Haggis vor aller Augen:

His knife see rustic Labour dight,
An' cut you up wi' ready sleight,
Trenching your gushing entrails bright,
Like onie ditch;
And then, O what a glorious sight,
Warm-reekin', rich!

Der Bauer, keiner kann es besser,
Schlitzt dich auf mit scharfem Messer,
Er macht die Furchen groß und größer
Und ackert schier;
Und dann, welch Anblick für die Esser,
Quillt's warm aus dir!

Then, horn for horn, they strech an' strive,
Deil tak the hindmost! on they drive,
Till a' their weel-swall'd kytes belyve
Are bent like drums;
Then auld Guidman, maist like to rive,
»Bethankit!« hums.

Dann Biss für Biss hau'n sie hinein,
Der Rest für'n Teufel, so soll's sein,
Bis ihre Bäuche, groß und klein,
Den Trommeln gleichen;
Dann wird der Wirt fast platzend schrei'n
Und »Dankschön« keuchen.

Robert Burns, *»Address To A Haggis«, 3. und 4. Strophe*

Während sich die Gäste die Bäuche vollschlagen, geht der Redner auf die Unsitte ein, fremdartig klingenden Speisen zu frönen, und auf die fatalen Folgen solch eines Fehlverhaltens auf die Konstitution des Menschen:

Is there that owre his French ragout
Or olio *that wad staw a sow,*
Or fricassee *wad make her spew*
Wi' perfect sconner,
Looks down wi' sneering, scornfu' view
On sic a dinner?

Ja, gibt's denn wen, der *French Ragout,*
Oder *Olio* nicht der Sau schiebt zu,
Der nicht solch *Frikassee* im Nu
Erbricht in Qual.
Blickt einer nicht mit Pfui und Buh
Auf so ein Mahl?

Poor devil! see him owre his trash,
As feckles as a wither'd rash,
His spindle shank a guid whip-lash,
His nieve a nit;
Thro' bloody flood or field to dash,
O how unfit!

Der arme Teufel! Schaut ihn an,
Nur Schwäche, nichts ist an ihm dran,
Die Schenkel dünn und filigran,
Die Faust 'ne Nuss;
In einer Schlacht kämpft dieser Mann
Nie bis zum Schluss!

ROBERT BURNS, *»Address To A Haggis«, 5. und 6. Strophe*

Im Gegensatz dazu wird ein Esser, der oft Haggis und so selten wie möglich Gemüse zu sich nimmt, vor Stärke und Kraft nur so strotzen. Mit diesem bewusst ironischen Unterton beendet der Rezitator die Burns'sche Lobrede, wenn man bedenkt, dass die verarmte schottische Bevölkerung in alten Zeiten nicht viel anderes als Brei oder Kohl zu essen hatte:

But mark the Rustic, haggis-fed,
The trembling earth resounds his tread,
Clap in his walie nieve a blade,
He'll mak it whissle;
An' legs an' arms, an' hands will sned,
Like taps o' thrissle.

Ein Bauer, der nur von Haggis lebt,
Hat einen Schritt, dass alles bebt,
Wenn er das Schwert kraftvoll erhebt
Hört man es pfeifen;
Kappt alles, was ihm widerstrebt,
Wie Distelstreifen.

Ye Pow' rs wha mak mankind your care,
And dish them out their bill o' fare,
Auld Scotland wants nae skinking ware
That jaups in luggies;
But, if ye wish her gratefu' prayer,
Gie her a haggis!

Oh Mächte, die ihr Sorgen hegt,
Dass sich im Speiseplan was regt:
Grünzeug hat Schottland nie bewegt,
Weil's nur Dreck is';
Falls Wert ihr auf's Bedanken legt,
Serviert uns Haggis!

ROBERT BURNS, *»Address To A Haggis«, 7. und 8. Strophe*

Sind die Mägen der Gäste noch nicht vollständig mit Haggis gefüllt, sieht die »Bill o' Fare« des Abends nicht nur ein Gläschen Whisky, sondern zumeist noch ein *Scotch or Steak Pie*, eine Fleischpastete, vor. Danach wird das Dessert serviert, z.B. *Tipsy Laird*, das man mit »Trunkener Gutsbesitzer« oder »Besoffene Herrschaft« übersetzen könnte. Wer will, bekommt dazu auch *A Tassie o' Highland Coffee*.

Darauf folgt manchmal, aber nicht immer, ein Dankgebet, etwa die zweite Strophe des Burns'schen »Grace At The Globe Tavern«. Die in dieser Strophe erwähnten »Meg« und William »Jock« Hyslop waren die Wirtsleute der Globe Tavern in Dumfries, dem letzten Wohnort von Robert Burns:

O Lord, since we have feasted thus,
Which we so little merit,
Let Meg now take away the flesh,
And Jock bring in the spirit!

Herrgott, was war das für ein Schmaus,
Man könnt sich fast genier'n.
Geh, Wirtin, trag' die Reste raus,
Der Wirt soll Whisky servier'n!

ROBERT BURNS, *»Grace At The Globe Tavern«, 2. Strophe*

Mit »spirit« kann in Schottland selbstverständlich nur Whisky gemeint sein. Diesem Gerstensaft wird bei einem Burns Supper ja auch reichlich zugesprochen. Denn nun folgt traditionell der spirituelle Teil des Abends, etwa die »Immortal Memory Speech«, eine Rede auf die unsterbliche Erinnerung an Robert Burns, die selbstverständlich mit einem Trinkspruch enden muss. Unter eingefleischten Schotten werden dabei auch gerne patriotische Töne angeschlagen, z.B. um die schottische Souveränität in Erinnerung zu rufen, die 1707 durch die Union mit England eingebüßt wurde. Ein oder mehrere Toasts auf die »Lassies«, auf die von Burns so oft und gern besungenen jungen Damen, und ein dementsprechendes Gedicht dürfen dabei nicht fehlen:

O, my Luve's like a red, red rose,
That's newly sprung in June;
O, my Luve's like the melodie,
That's sweetly played in tune.

Oh, mein Schatz ist wie die Rose rot,
Die frisch im Juni blüht;
Oh, mein Schatz ist wie die Melodie,
In einem schönen Lied.

As fair art thou, my bonie lass,
So deep in luve am I;
And I will love thee still, my Dear,
Till a' the seas gang dry.

Du bist so hübsch, mein Mädchen fein,
Ich lieb dich, wie du bist.
So lange lieb ich dich, mein Schatz,
Bis 's Meer vertrocknet ist.

Till a' the seas gang dry, my Dear,
And the rocks melt wi' the sun:
I will love thee still, my Dear,
While the sands o' life shall run.

Auch wenn das Meer vertrocknet, Schatz,
Und Felsen geschmolzen sind:
Dich werd' ich immer lieben, Schatz,
Bis der Lebenssand verrinnt.

And fare thee weel, my only Luve!
And fare thee weel, a while!
And I will come again, my Luve,
Tho' it were ten thousand mile!

Und nun leb' wohl, mein einz'ger Schatz!
Und gut geh's dir einstweil'n!
Ich komm' zu dir zurück, mein Schatz,
Wär'ns auch zehntausend Meil'n!

ROBERT BURNS, *»My Luve Is Like A Red, Red Rose«*

Ab und zu wird auch eines der »bawdy poems« von Burns, wie z.B. der folgende zweideutige Vers vorgetragen:

Roseberry to his lady says:
»My hinnie and my succour,
O shall we do the thing you ken,
Or shall we take our supper?«

Roseberry sagt zu seiner Maid:
»Ach süße, du mein Leben,
Soll'n wir, ja du weißt schon was,
Oder uns zu Tisch begeben?«

Wi' modest face, sae fu' o' grace,
Replied the bonny lady:
»My noble lord do as you please,
But supper is na ready.«

Mit ernstem Blick und würdevoll
Sagt drauf die schöne Maid:
»Ach Liebster, mach' wie's dir gefällt,
Das Abendessen hat noch Zeit.«

ROBERT BURNS, *»Supper is na ready«*

Zum unwiderruflichen Abschluss wird es jedoch immer wieder richtig feierlich. Das berühmteste Lied des Barden »Auld Lang Syne« wird intoniert, ein Ohrwurm sondergleichen, der in der gesamten anglophonen und anglophilen Welt bekannt und beliebt ist und auch zu Silvester und zu anderen Anlässen gesungen wird. Bei der Zeile »And there's a hand, my trusty fiere!« erheben sich alle Teilnehmer von ihren Plätzen, kreuzen die Arme vor der Brust und ergreifen so die Hände der beiden Nachbarn, um eine zusammenhängende Kette zu bilden. Dass danach noch ein Schlückchen Whisky mit einem »Sláinte!« oder »Wohl bekomm's!« fällig ist, liegt auf der Hand:

Should auld acquaintance be forgot
And never brought to min'?
Should auld acquaintance be forgot,
And days o' lang syne?

Hat alte Freundschaft keinen Wert
Und zählt sie nimmermehr?
Hat alte Freundschaft keinen Wert
Und Zeiten, lang, lang her?

For auld lang syne, my dear,
For auld lang syne,
We'll tak a cup o' kindness yet
For auld lang syne.

Auf das, was lang, lang her ist, Freund,
Auf das, was lang, lang her,
Leer'n wir mit Herz ein Gläschen jetzt,
Auf das, was lang, lang her.

And surely ye'll be your pint-stowp!
And surely I'll be mine;
And we'll tak a cup o' kindness yet,
For auld lang syne.

Und sicher trinkst du jetzt dein Glas!
Und ich trink' auch eins mehr;
Und wir nehmen einen Herzensschluck
Auf das, was lang, lang her.

We twa hae run about the braes,
And pu'd the gowans fine;
But we've wandered mony a weary foot,
Sin' auld lang syne.

Wir zwei sind über Berge g'rannt,
Durch Gänseblümchen quer;
Vom Wandern sind wir heute müd',
Seit damals, lang ist's her.

We twa hae paidl'd i' the burn,
Frae morning sun till dine;
But seas between us braid hae roar'd,
Sin' auld lang syne.

Wir zwei sind durch den Bach gehüpft,
Von früh bis spät und mehr,
Doch Meere trennten uns zwei dann,
Seit damals, lang ist's her.

And there's a hand, my trusty frien',
And gie's a hand o' thine!
And we'll tak a right guid-willie-waught,
For auld lang syne.

Da, meine Hand, mein treuer Freund,
Gib mir auch deine her!
Und wir trinken Freundschaft, feierlich,
Auf das, was lang, lang her.

Robert Burns, *»Auld Lang Syne«*

Bill o' Fare
The Burns Supper

Das Robert-Burns-Menü

Cock-a-Leekie

Haggis

Steak Pie

Tipsy Laird

Highland Coffee

Lauch-Hühnersuppe

Haggis

Fleischpasteten

Himbeercreme-Biskuit

Kaffee nach Highlander-Art

Lauch-Hühnersuppe
Cock-a-Leekie

1,3 kg Suppenhuhn
750 g Lauch
Kalbsknochen oder Rinderfond
100 g Dörrpflaumen, entkernt
50 g Langkornreis
2 mittelgroße Zwiebel
2 Lorbeerblätter, Thymian und Petersilie, zu einem Sträußchen gebunden
Salz, schwarze Pfefferkörner
Petersilie zum Garnieren

Das ausgenommene Huhn mit den Kalbsknochen und dem Gewürzbündel in einen großen Topf geben und mit kaltem Wasser bedecken. Anstelle der Knochen kann auch fertige Rinderbrühe verwendet werden. Das Ganze etwa eine Stunde lang köcheln lassen. Danach die gewürfelten Zwiebeln, das gehackte Weiße vom Lauch sowie Salz und Pfeffer hinzugeben und eine weitere halbe Stunde köcheln lassen. Nun das Huhn herausnehmen, das Fleisch von Haut und Knochen befreien und in kleine Stücke schneiden. Den Reis eine halbe Stunde, das Grüne vom Lauch und die halbierten Dörrpflaumen fünf Minuten vor Ende der Kochzeit hinzugeben. Zum Anrichten das Hühnerfleisch in die Mitte des Suppentellers geben und die Suppe darübergießen. Mit gehackter Petersilie garnieren.

Variante:
Vegetarisch wird die Suppe, wenn Sie die Kalbsknochen bzw. den Rinderfond durch Gemüsebrühe ersetzen. Anstelle des Hühnerfleisches nehmen Sie ein halbes Kilo Kartoffeln, zum Beispiel die Pink Fir Apple (festkochende Sorte mit roter Schale, länglicher Form und hellgelbem Fleisch, im deutschen Spachraum als Rosa Tannenzapfen bekannt).

Haggis

Der schottische Kochbuchautor Paul Harris schrieb als Hinweis zu seinem Rezept für Haggis: »*The following recipe is not for the weak of constitution!*« – Das folgende Rezept ist nichts für Zartbesaitete!

1 Schafsmagen
500 g Haferflocken (*oatmeal*, siehe S. 26)
250 g Rindertalg
je 1 Leber, Lunge und Herz vom Schaf
2 große Zwiebeln
Salz, Muskatnuss und -blüte, schwarzer Pfeffer, Cayennepfeffer

Der Magen muss in kaltem Wasser sorgfältig ausgewaschen und innen mit einem Messer abgeschabt werden; die Magenwand darf dabei nicht verletzt werden. Das Herz, die Leber und die Lunge werden in einer leichten Fleischbrühe gar gekocht. Dabei ist darauf zu achten, dass das Ende der Luftröhre, das noch mit der Lunge verbunden ist, über den Rand des Kochtopfs gehängt wird und in eine Schüssel abtropfen kann. Wenn das Fleisch gar ist, in kleine Stücke schneiden und mit Salz, Pfeffer und Cayennepfeffer würzen. Danach mit Muskat, gehackten Zwiebeln, dem gehackten Rindertalg und den Haferflocken (vorher eventuell etwas anrösten, das bringt Aroma) vermischen.
Die Mischung wird in den Magen gefüllt. Dabei etwas Platz lassen, damit sie sich beim Kochen ausdehnen kann. Den Magen mit Küchengarn abbinden. Der Haggis muss etwa vier Stunden in leise kochendem Wasser garen. Bei kleineren Mengen reduziert sich die Garzeit. Kleinere Portionen können in Auflaufformen im Backofen in einem Wasserbad gegart werden. Anschließend legt man den Haggis auf eine Servierplatte und entfernt das Küchengarn. Aufgeschnitten wird der Haggis erst bei Tisch. Dazu serviert man Steckrüben und Kartoffelpüree *(neeps and tatties).*

Der Whiskytipp zum Hauptgang: Laphroaig, Islay, 10 Jahre, Cask Strength, 58,3 % Vol.

Fleischpasteten

Scotch or Steak Pie

Üblicherweise werden die Pies in Schottland vorgebacken produziert und zum Verkauf angeboten. Die britischen Fleischpasteten haben nahezu den Stellenwert von Fast Food, da sie in Supermärkten, bei Metzgern, in Pubs und Imbiss-Lokalen in vielfältigen Versionen erhältlich sind. Die traditionellen Pies sind handgroß, der Teig besteht aus Mehl, Wasser und Schweineschmalz. Unter »Steak« ist hier fein gehacktes Fleisch zu verstehen. Als Beilage bieten sich Kartoffelpüree sowie verschiedene Gemüse an.

Zutaten für 8 Pasteten:
500 g Lammfleisch oder Rindfleisch, fein gehackt
150 g Champignons, blättrig geschnitten
150 ml Bratensaft
2 Schalotten
25 g Schweineschmalz
Salz, Pfeffer, Muskatnuss bzw. -blüte
1 TL Worcestershiresauce

Für den Teig:
175 g Schweineschmalz
500 g Mehl
Wasser
Salz
1 EL Milch für die Glasur

Den Backofen auf 150 °C vorheizen. Für den Teig das Mehl und Salz in einer handwarmen Schüssel vermischen, in der Mitte eine Kuhle bilden. Das Schweinschmalz mit etwas Wasser in einem kleinen Topf schmelzen; wenn die Mischung Blasen schlägt, vom Herd nehmen und in die Schüssel zum Mehl geben. Gut durchrühren, bis ein geschmeidiger Teig entsteht. Aus dem Teig etwa handtellergroße Bällchen formen, den restlichen Teig in der Zwischenzeit warm halten. Für die Form ein geeignetes Glas mit ca. 8 cm Durchmesser nehmen, jetzt das noch warme Teigbällchen bis über den Rand darüberstülpen. Wenn der Teig ausgekühlt ist, lässt sich das Glas leicht entfernen. Etwas Teig für die Deckel übriglassen, diesen ausrollen und mit dem Glas acht runde Deckel ausstechen.

Für die Füllung die Schalotten klein würfelig schneiden und in einer Pfanne in Schweineschmalz anschwitzen. Wenn sie glasig sind, das Fleisch dazugeben und einige Minuten anbraten. Die Champignons ebenfalls in die Pfanne geben und einige Minuten mitbraten (die Flüssigkeit, die aus den Champignons austritt, sollte verkocht sein), danach mit dem Bratensaft aufgießen. Mit den Gewürzen abschmecken und die Füllung in den Pies verteilen. Mit den vorbereiteten Deckeln verschließen und mit Milch bestreichen. Die Pies auf ein mit Backpapier belegtes Blech stellen und bei 150 °C etwa 45 Minuten backen. Übriggebliebene Pies können im Kühlschrank aufbewahrt und tags darauf aufgebacken werden.

Variante:
Die Pastete kann auch in einer großen Porzellanform wie ein gedeckter Obstkuchen zubereitet werden. Für die vegetarische Version nehmen Sie z.B. Kidney-Bohnen oder auch steirische Käferbohnen als Ersatz für das Fleisch. Dazu die Füllung noch mit etwas Kürbiskernöl verfeinern. Für den Teig das Schmalz durch Rapsöl ersetzen.

Himbeercreme-Biskuit
Tipsy Laird

Für den Teig:
50 g Zucker
50 g Butter
3 Eier, getrennt
50 g Mehl
1 EL Backpulver
1 EL Vanillezucker

Für die Creme:
250 ml Milch
150 ml Schlagsahne
2 Eigelbe
25 g Puderzucker
Mark einer halben Vanilleschote
100 ml Whiskylikör
10 ml Fruchtlikör (z.B. Himbeerlikör)
340 g frische Himbeeren
etwas Himbeerkonfitüre

Für die Dekoration:
300 ml Schlagsahne
1 EL Puderzucker
frische Himbeeren
Minzblätter
Mandelsplitter

Backofen auf 150 °C vorheizen.
Für den Teig Zucker und Butter schaumig rühren. Eigelb dazugeben und verrühren. Eiweiß mit einer Prise Salz zu Schnee schlagen. Mehl und Backpulver sowie Vanillezucker versieben und unter die Dotter-Zucker-Masse heben.
Zuletzt den Schnee vorsichtig unterziehen. Den Teig auf ein mit Backpapier ausgelegtes Blech streichen und bei 150 °C ca. 30 Minuten backen.
Für die Creme Eigelb, Zucker und Vanillemark schaumig mixen. Milch und Schlagsahne bis kurz vor den Siedepunkt erhitzen. Unter ständigem Rühren einen Teil davon in die Eier-Zucker-Mischung geben. Danach

die Creme zu der restlichen Milch in den Kochtopf geben und so lange auf kleiner Flamme erhitzen, bis die Creme eindickt. Auskühlen lassen. Das ausgekühlte Biskuit in eine dekorative Glasschüssel legen. Mit den vermischten Likören beträufeln und gut ansaugen lassen. Dann dünn mit Konfitüre bestreichen (falls sie nicht flüssig genug ist, mit ganz wenig Wasser erwärmen) und mit frischen Himbeeren belegen. Die ausgekühlte Creme darübergeben.
Zuletzt die Sahne mit 1 EL Staubzucker steif schlagen und als Abschluss gleichmäßig auf der Creme verstreichen. Mit frischen Himbeeren, Minzblättern und den Mandelsplittern dekorieren.

Kaffee nach Highlander-Art
Highland Coffee

125 ml Scotch Whisky
4 TL Heidehonig
4 Tassen heißer Kaffee
125 ml Schlagsahne

Whisky und Honig erhitzen (nicht kochen!) und in 4 Gläser füllen. Mit dem heißen Kaffee bis 2 cm unter den Rand auffüllen. Zum Schluss mit der geschlagenen Sahne dekorieren.

DER KULINARISCHE EPILOG CARINTHIA MEETS CALEDONIA

Dialekte sind über lange Zeit hinweg gewachsene verbale Ausdrucksformen und damit wesentliche Elemente der Alltagskultur. Sie sind zumeist bunter, bildhafter und facettenreicher als die jeweiligen Schrift- oder Hochsprachen. Auf der volksnahen und kraftvollen Sprache und Ausdrucksweise des Dialekts beruht auch der Erfolg des schottischen Dichters und Barden Robert Burns. Er schrieb die meisten seiner Gedichte und Liedtexte in einer Mischung aus Englisch und *Scots*, dem ländlichen Dialekt der Lowlands im südwestlichen Schottland. Sein wichtigstes Werk, 1786 erschienen, trägt ausdrücklich den Titel »Poems chiefly in the Scottish dialect«.

Gedichte und Liedtexte von Robert Burns wurden in zahlreiche Sprachen und Dialekte übersetzt. So auch um 1840 vom oberösterreichischen Dichter Franz Stelzhamer in »obderenns'sche Volksmundart« sowie um 1870 von Albert Corrodi ins Schwyzer Deutsch. Neben aktuellen Übertragungen von Dieter Berdel ins Wienerische und Steirische ist die Kärntner Dialektversion von Burns Gedichten noch ausständig. Jedoch gibt es zahlreiche Verknüpfungen, wie die Kärntner Liebesbekundungen zu Schottland unterstreichen.

An erster Stelle steht die österreichische Interpretation der *Highland Games* als traditionelle Veranstaltung mit sportlichen Wettkämpfen. Diese waren ursprünglich Bestandteil der Treffen *(Gatherings)* schottischer Clans in den Highlands. Die bekanntesten Spiele finden alljährlich Anfang September in Braemar statt. Sie stehen unter der Schirmherrschaft von Königin Elizabeth II., deren traditioneller Sommersitz das nahegelegene Balmoral Castle ist.

In Österreich finden bereits seit 1984 jedes Jahr zahlreiche Veranstaltungen dieser Art statt. Allerdings wurden die traditionellen Disziplinen Baumstammwerfen *(Toss a caber)*, Gewichthochwurf *(Stone throw)* und Seilziehen *(Tug of war)* durch österreichische Bewerbe wie z.B. Bierschnelltrinken und Eierweitwerfen ergänzt. Ihren Ursprung hatte diese adaptierte Form der schottischen Spiele in Kärnten bei den »originellen kärntnerischen Highland Games«, etabliert vom First-Carinthian-Highland-Club.

Als zweite »Liebesbekundung« gilt das Zur-Schau-Tragen von schottischer Tracht. Das Cover dieses Buches zeigt den Tartan des Kärntner Kilts aus dem seit 1868 bestehenden Hause Rettl, Kilts & Fashion (www.rettl.com) in Villach. Er wird von vielen Kunden auf der ganzen Welt voll Stolz zu feierlichen Anlässen getragen, so auch von internationalen Größen wie Sir Sean Connery und seit Kurzem auch von Mitgliedern des britischen Königshauses.

Vor einigen Jahren entdeckten Archäologen in Österreich Stoffreste aus Wolle mit Karomuster. Die Stoffe datieren auf die keltische Besiedelung Österreichs, inklusive Kärntens. Die Stoffreste liegen im Naturhistorischen Museum in Wien auf. Sie brachten das Modehaus Rettl auf die Idee, den Kilt als Ur-Tracht der Kärntner Kelten zu reklamieren, daraus ist das »Kärnten Karo« entstanden. Mittlerweile wurde es von der *Scottish Tartans Authority* zertifiziert.

Last but not least gilt die Liebe eines der Autoren, der halb Brite, halb Kärntner ist, Schottland selbst – dem Land, den Menschen und dem, was sie hervorbringen: großartige »geistige« Getränke und bodenständige schottische Speisen.

Bill o' Fare
Carinthia meets Caledonia

Kärntnerisch-schottisches Freundschaftsmenü

Feast Soup in Highlander Style

Carinthian Noodles with Lobster
on Lemon Butter

Caledonian Reindling with Cranberry Cream

Kirchtagssuppe nach Highlander-Art

Kärntner Nudeln mit Hummer
und Zitronenbutter

Kaledonischer Reindling mit Grantenschleck

Kirchtagssuppe nach Highlander-Art

Feast soup in Highlander Style

400 g Lammfleisch
200 g Moorhuhn (oder Suppenhuhn)
500 g Rinderknochen
1 TL Salz
1 l Wasser
50 g Lauch
50 g Stangensellerie
1 Karotte
½ Bund Petersilie, im Ganzen

Kräutersud:
½ l Wasser
5 Pfefferkörner
5 Gewürznelken
je ½ TL Estragon, Thymian
Safran
3 Liebstöckelblätter
2 Lorbeerblätter

125 ml Saure Sahne
2 Eigelbe
1 EL Hafermehl
Salz, Pfeffer

Fleisch und Knochen mit etwas Salz in kaltem Wasser zustellen und aufkochen, köcheln lassen, bis das Fleisch gar ist. Schaum abschöpfen, Hitze reduzieren und das grob gewürfelte Gemüse samt der Petersilie beigeben.
Die Gewürze in einem Topf mit kaltem Wasser etwa eine Stunde ziehen lassen und dann abseihen.
Das Hühnerfleisch von den Knochen lösen und dieses, so wie auch das Lammfleisch, in kleine Würfel schneiden. Die Suppe durch ein Sieb gießen. Mit dem Gewürzsud vermengen und erneut aufkochen lassen. Saure Sahne, Eigelb und Mehl in einer Schüssel gut verquirlen und in die kochende Suppe einrühren. Die Suppe sollte einen leicht säuerlichen Geschmack erhalten und eine gelbe Farbe haben (eventuell noch mit Safran nachfärben und mit Salz und Pfeffer abschmecken).
Das Fleisch in Suppenteller geben und mit der heißen Suppe übergießen.

Kärntner Nudeln mit Hummer und Zitronenbutter

Carinthian Noodles with Lobster on Lemon Butter

Nudeln nennt man im südösterreichischen Kärnten mit einer Kartoffel-Quark-Mischung gefüllte Täschchen aus Nudelteig.

Für den Nudelteig:
250 g glattes Mehl (Type 405, 550)
1 TL Salz
1 Ei
6 EL Milch

Für die Füllung:
200 g Hummer, gekocht, ausgelöst
500 g mageren Quark (Topfen, 10 % F.i.T.)
300 g mehlige Kartoffeln
50 g Butter
50 g Zwiebeln
1 Knoblauchzehe
je ½ TL Minze, Zitronenmelisse, Zitronenthymian, fein gehackt
1 TL Salz

Für die Zitronenbutter:
Saft einer Zitrone
20 g Butter

Für den Teig Mehl, Salz, Milch und das Ei vermischen und zu einem nicht zu festen, geschmeidigen Teig verkneten. Diesen für mindestens eine Stunde ruhen lassen.

Für die Füllung die Kartoffeln vorkochen, schälen und in eine Schüssel pressen. Das Hummerfleisch in kleine Stücke schneiden und dazugeben. Den Quark und die Gewürze untermischen. Die Zwiebeln und den Knoblauch fein hacken und in einer Pfanne in der Butter glasig anschwitzen. Zu der Masse in die Schüssel geben und gut durchkneten. Kräuter ebenfalls beigeben, mit Salz abschmecken. Sollte die Füllung zu trocken sein, mit etwas Fischfond anfeuchten. Aus der Hummer-Quark-Masse kleine Kugeln formen.

Den Teig auf einer mit Mehl bestäubten Oberfläche etwa 2 mm dünn ausrollen. Mit einem Glas oder einem runden Keksausstecher Teigkreise ausstechen, diese mit je einer Füllungskugel belegen und zuklappen.

Die Ränder gut zusammendrücken. In Kärnten werden die Ränder der Nudeln»gekrendelt«: Die Ränder werden zwischen Daumen und Zeigefinger gut zusammengepresst und nach und nach umgebogen und nochmals gedrückt, sodass ein rüschenartiger Rand entsteht.
Die fertigen Nudeln in kochendes Salzwasser einlegen. Hitze reduzieren. 10 Minuten ziehen lassen, keinesfalls mehr aufkochen, sonst platzen die Nudeln. Zum Anrichten Butter mit Zitronensaft vermischen und schmelzen. Die Nudeln damit übergießen.

Der Whiskytipp zum Hauptgang: Ardbeg Wee Beastie 5 Jahre, 47,4% Vol.

Kaledonischer Reindling mit Grantenschleck
Caledonian Reindling with Cranberry Cream

Der Reindling ist ein in Kärnten beliebter Kuchen aus Hefeteig, bei Grantenschleck handelt es sich um eine Preiselbeercreme.

Für den Teig:
500 g Mehl
20 g Hefe
100 g Butter
250 ml Milch
2 Eier
50 g Zucker
1 TL Salz
1 TL Anis
50 g Butterschmalz für die Form

Für die Füllung:
50 g Butter
100 g Zucker
2 EL Zimt
50 g Orangeat
50 g geriebene Walnüsse
50 g Rosinen
2 cl Whisky

Für den Grantenschleck (Preiselbeercreme):
250 ml Schlagsahne
125 g Preiselbeerkompott

Die Rosinen in etwas Whisky einlegen und quellen lassen.
Für den Teig die Hefe mit 2 EL warmer Milch, 1 TL Zucker und 1 EL Mehl gut verrühren. An einem warmen Ort auf die doppelte Höhe aufgehen lassen.
Das Mehl mit dem Zucker, dem Salz und dem Anis in eine große Schüssel sieben. Die Butter in einem kleinen Topf schmelzen, die Milch dazugeben sowie die verquirlten Eier, alles gut verrühren. Zuerst die aufgegangene Hefe und dann das Eier-Gemisch ins Mehl rühren. Den Teig mit einem Kochlöffel so lange schlagen, bis er sich leicht vom Löffel löst. Die Schüssel mit einem Küchentuch abdecken und an einem warmen Ort bis auf das doppelte Volumen aufgehen lassen.
Den Ofen auf 180 °C vorheizen.
Den fertigen Teig 1 cm dick ausrollen. Mit zerlassener Butter bestreichen, dann mit Zucker, Zimt, Walnüssen, Whisky-Rosinen und Orangeat bestreuen. Den Teig fest einrollen und die Rolle gekrümmt in eine gefettete Guglhupfform legen. Bei 180 °C im Backofen etwa 45 Minuten goldbraun backen. Den Reindling nach dem Backen sofort stürzen, sonst klebt er in der Form fest. Damit der Reindling nicht zu schnell austrocknet, empfiehlt es sich, ihn mit einer Zuckerkruste zu backen. Dazu die Form vorher gut mit Butter einfetten und mit Zucker ausstreuen. Der Zucker karamellisiert beim Backen und der Reindling schmeckt besser.
Die Sahne schlagen und dann das Preiselbeerkompott vorsichtig unterheben, bis eine gleichmäßig zartrote Masse entsteht. Den Grantenschleck zum fertigen Reindling servieren.

ANHANG

Schottische Maßeinheiten
1 Grain = 64,80 mg
1 Unze (Uonce) = 1 oz = 28,35 g
1 Pfund (Pound) = 1 lb = 453 g
1 Pint = 20 fl.oz. = 568 ml
1 Quart = 2 Pint = 1,136 Liter
1 Firlot = 52,5 Liter
4 Firlot = 1 Boll
1 tsp = 1 teaspoon = 4,929 ml
1 tbs = 1 tablespoon = 3 tsp = 14,79 ml

»Aus dem Ärmel geschüttelt«
1 Esslöffel = ca. 2,5 TL
6 Esslöffel = 100 ml
1 gestrichener Teelöffel = ca. 5 ml
1 gehäufter Esslöffel z.B. Hafer = 20 g
1 gestrichener Esslöffel = ca. 15 ml
1 Spritzer = 2–5 Tropfen, z.B. Zitronensaft, Worcestershiresauce etc.
1 Suppentasse = 1 Suppenteller = 250 ml
1 Tasse = In britischen Rezepten entspricht eine Tasse (cup) genau 238 ml. In alten Kochbüchern ist von einer Menge von 200 ml auszugehen. Heute sind es etwa 120 ml.

Portionengrößen
Fleisch: 150–200 g
Fisch: Vorspeise: 100–150 g, Hauptgang: 200–250 g
Frischgemüse: 150–250 g
Hülsenfrüchte: 100–125 g
Kartoffeln: 250–300 g
Obst: 100–125 g
Reis: 80–100 g
Suppe: Vorspeise: 250 ml, Hauptgang: 500 ml
Teigwaren: 100–125 g

LITERATURVERZEICHNIS

Aitken, Hannah / Michaelis-Jena, Ruth (Hg.), übertragen von Clemen, Ursula: »Schottische Volksmärchen«, Köln 1965

Arthur, Helen: »Whisky – Geschenk der Natur«, Deutsche Erstausgabe, Augsburg 2006

Ashby, Margaret: »Favourite Recipes with Scotch Whisky«, England o.J.

Bailey, Adrian: »Die Küche der Britischen Inseln«, aus dem Englischen von Organ Maren, Hamburg 1980

Baisch, Otto: »Robert Burns' Werke, Lieder und Balladen«, Stuttgart o.J.

Berdel, Dieter / Drabosenig, Simon / Menrad, Karl: »Burns goes Classic«, Lieder von Robert Burns im Original Scottish Dialect, Deutsch und im Wiener Dialekt, Wien 2011

Berdel, Dieter / Drabosenig, Simon / Menrad, Karl: »Tam O' Shanter, A Tale / Da Schantl Tomi, A Gschicht«, sowie Balladen, Lieder und Gedichte von Robert Burns im schottischen Original und im Wiener Dialekt, Wien 2012

Brown, Catherine: »Scottish Seafood«, Edinburgh 2011

Brown, Catherine: »Broths to Bannocks«, Glasgow 2010

Burns, Robert: »The Merry Muses of Caledonia«, Dumfries 1799

Burns, Robert / Berdel, Dieter: »The Jolly Beggars, A Cantata in Scottish Dialect / De fidön Bettla, A Kantatn im Wiener Dialekt«, Wien 2009

Burns, Robert / Berdel, Dieter: »My ain kind Deary O! / Mei anzech woare liab!«, Liebeslieder des schottischen Barden im Original und im Wiener Dialekt, Wien 2010

Butterworth, John: »Apples in Scotland«, Wigtown 2003

Currie, Dr.: »The Poetical Works of Robert Burns, The Ayrshire Bard«, London 1826

De Saint-Fond, Faujas: zit. nach McNeill, Marian, F., S. 37

Der Whisky-Botschafter: Whisky Guide Deutschland 2012. Der Wegweiser zum Genuss. Medienbotschaft Verlag

Elrod, Norman: »Freiheit, Harmonie und Liebe«; zu Leben und Werk von Robert Burns, aus dem Englischen übersetzt von Kötscher, Dagmar, Althea, nicht veröffentlicht

Fergusson, Robert: zit. nach McNeill, Marian, F., S. 155, S. 184, S. 326

Fontane, Theodor: »Jenseit des Tweed«, Berlin 1860

Geddes & Grosset (Hg.): »The Complete Poems and Songs of Robert Burns«, New Lanark 2000

Gow, Niel: zit. nach McNeill, Marian, F., S. 310

Gunnyon, William: »The Complete Works of Robert Burns«, London und Edinburgh 1877

Haider, Johann: »Faszination Whisky«, Eigenverlag 2005

Harbutt, Juliet: »Käse der Welt«, München 2011

Harris, Marvin: »Wohlgeschmack und Widerwillen – Die Rätsel der Nahrungstabus«, Stuttgart 1988

Harris, Paul: »Ein kleines schottisches Kochbuch«, Belfast 1994

Henley, W. E. / Henderson, T. F.: »The Poetry of Robert Burns«, Volume I–VI, London 1896

Johnson, Samuel: zit. nach McNeill, Marian, F., S. 77

Kurt, Chandra: »Whisky & Food«, Zürich 2007
Lamond, John: »Whisky«, Süddeutsche Zeitung GmbH, München, 2011
Lawrence, Sue: »A Cook's tour of Scotland«, London 2006
Maclean, Charles: »Whisky«, München 2008
Marshall, Nancy: »Burns Supper«, Edinburgh 2007
Mcleod, Kenneth: zit. nach McNeill, Marian, F., S. 99.
McNeill, Marian F.: »The Scots Kitchen, Its Traditions and Lore with Old-Time Recipes«, Bungay 1929
Mitchell, John B. (Hg.), / Heinrich, Helmut T.: »Robert Burns, Gedichte und Lieder«, Berlin und Weimar 1974
»Mrs. McLintock's Receipts for Cookery and Pastry-work«, Nachdruck Aberdeen 1986
Murry, Jim: »Die grossen Whiskys der Welt«, Augsburg 2006
Murry, Jim: »Whisky & Whiskey«, München 1997
Postma, Heiko: »Mit Whisky trotzen wir dem Satan!« Leben und Lieder des schottischen Barden Robert Burns, Hannover 2009
Postma, Heiko: »Auf wildem Pfad durch Fels und Heide«, mit Robert Burns in den schottischen Highlands, Hannover 2009
Ramsay, Allen: zit. nach McNeill, Marian, F., S. 27, S. 73
Saintsbury, George: zit. nach McNeill, Marian, F., S. 163, S. 164
Setz, Helga: »99x Kärntnerisch Kochen«, Klagenfurt 1981
Schobert, Walter: »Scotch Whisky. Wasser des Lebens«, Weil der Stadt 2010
Scott, Walter: zit. nach McNeill, Marian, F., S. 79, S. 100, S. 210
Stevenson, Robert Louis: »Entführt! Oder die Erinnerungen des David Balfour an seine Abenteuer im Jahre 1751«, aus dem Englischen von Walter, Michael, Frankfurt/Main 1979
Stevenson, Robert Louis: »Heather Ale: A Galloway Legend«, zit. nach McNeill, Marian, F., S. 314
Vogl, Matthias: »Kultbuch Schottland. Alles, was wir lieben: Von Auld Lang Syne bis zum Whisky«, Köln o.J.
Whisky-Erlebniswelt J. Haider: »Kleine Kochbroschüre Whisky – Genuss für alle Sinne«, Eigenverlag 2009
Wilson, Anne: »Schottische Küche«, Köln 1996
Wilson, Prof.: »The Works of Robert Burns«, Glasgow und Edinburgh 1874
Wilson, Carol and Trotter, Christopher: »Scottish Traditional Recipes«, London 2009
Wolfe, Linda: »Die karibische Küche«, aus dem Englischen von Organ, Maren, Hamburg 1979

DIE HERAUSGEBER/INNEN

Dieter Berdel

studierte Industrie-Design und ist Mitbegründer des »Instituts für Soziales Design« in Wien. Als Literat verfasst er Kurzprosa, Lyrik sowie visuelle Poesie und hat mehrere Bücher publiziert. Seit einigen Jahren überträgt er Werke von Robert Burns ins Deutsche und in den Wiener Dialekt.

Simon Drabosenig

ist Internet-Designer, betreut Websites, gestaltet Kundenzeitschriften und Publikationen. Er war auch organisatorisch und publizistisch im Gastronomiebereich tätig. Als Burns- und Schottlandkenner begründete er die »Robert Burns Society Austria« und veranstaltet seit 2000 die »Burns Night« in Wien.
Infos unter: www.robertburns.at

Jasmin Haider

ist diplomierte Destillateurin und Verfasserin von Rezepten zum Kochen mit Whisky. Sie ist im Familienbetrieb der »Whiskydestillerie J. Haider und Whisky-Erlebniswelt« in Niederösterreich u.a. für Marketing zuständig. Das Unternehmen stellt seit 1995 den ersten österreichischen Whisky her.

Karl Menrad

ist Schauspieler, Rundfunk-, Hörbuch- und Synchronsprecher und spielt seit über vierzig Jahren auf Bühnen in Deutschland, der Schweiz und Österreich. Er war u.a. 14 Jahre am Wiener Burgtheater engagiert. Seit 2000 ist er künstlerischer Leiter und Moderator der »Burns Night« in Wien.

REZEPTVERZEICHNIS

A Glass of Champagne & fresh Oyster on Arrival 98
Algen-Hafermehl-Suppe mit geräucherter Forelle 150
Apfel-Brombeeren-Tarte 80
Apfelkuchen, karamellisierter 38
Apfelstrudel 120
Apple & Blackberry Tart 80
Apple Strudel 120

Bete, rote, & Brie auf Blätterteig mit
Orangen-Walnuss-Preiselbeer-Salat 36
Birnen-Rhabarber-Crisp 48
Blue Salad Potato Risotto 46
Brandteigkrapfen mit Whiskyfüllung 132
Butternut Squash Soup with Pumpkin Seed Oil 98

Caledonian Reindling with Cranberry Cream 206
Caramelized Apple Cake 38
Carinthian Noodles with Lobster on Lemon Butter 205
Champagne & fresh Oyster on Arrival 98
Champagner mit frischen Austern 98
Cheeseboard 101
Chou Pastry Donut filled with Whisky Cream 132
Cock-a-Leekie 194
Cold Coffsky 78
Cream-Crowdie 101
Cullen Skink 160
Curry »Westindische Inseln« 108

Dulse and Oatmeal Soup with Smoked Trout 150

Entenbrust mit Vanille-Pastinaken-Püree und Whisky-Birnen 178

Feast soup in Highlander Style 204
Fleischpasteten 196
Früchtebrot 110

Ginger Apples with Whisky 70
Graupensuppe, schottische 56

Haferkekse mit schottischem Käse-Mix 90
Haggis for Veggies 47
Haggis im Blätterteig auf Gemüsebeet mit Roter Bete 69
Haggis Tarte 69
Haggis 195
Haggis, vegetarischer 47
Heringe in Hafermehl 57
Herring in Oatmeal 57
Highland Coffee 199
Highland Venison Wellington 89
Himbeercreme-Biskuit 198
Hirsch in Himbeersauce mit Semmelknödeln 141
Hirschrücken, marinierter, mit Steinpilzen 118
Hirschsteak »Highland Wellington« 89

Ingwer-Äpfel mit Whisky 70
Irish Coffee 133

Jakobsmuscheln mit Blutwurst auf Erbsenpüree 130
Jamaican Spiced Chicken with Rum 109

Kaffee nach Highlander-Art 199
Kaisergranate auf Fenchelpüree mit Muschelsauce 37
Kaledonischer Reindling mit Grantenschleck 206
Karamell-Whisky-Pudding 180
Kärntner Nudeln mit Hummer und Zitronenbutter 205
Kartoffelsuppe mit geräuchertem Schellfisch 160
Käseplatte 101
Kirchtagssuppe nach Highlander-Art 204
Kürbiscremesuppe mit Kürbiskernöl 98

Lammrücken mit Whisky-Senf-Sauce 119
Langoustines on a Fennel Purée with Clam Sauce 37
Lauch-Hühnersuppe 194

Mackerel with Gooseberry Relish and Leek 161
Makrele mit Stachelbeeren-Relish und Lauchgemüse 161
Moorhuhn, gebratenes, mit Kartoffelchips und gefülltem Wirsing .. 151
Mousse au Whisky 152

Nudeln, Kärntner, mit Hummer und Zitronenbutter 205

Oat Cakes with a Scottish Cheese-Mix 90

Pastinakencremesuppe, mit Whisky verfeinert 178
Pear & Rhubarb Crisp 48
Porridge de luxe 58
Porridge mit Schlagsahne und Früchten 58

Queen Mary Tart 142
Queen-Mary-Kuchen 142

Räucherlachs, schottischer, auf Frischkäse und Bannocks
Reindling, kaledonischer, mit Grantenschleck 206
Risotto von blauen Kartoffeln 46
Roast Beef with Oyster Sauce & Rumbledethumps 131
Roast Duck with Parsnip-Vanilla Purée and Poached Whisky Pears 178
Roastbeef mit Austernsauce und Kartoffel-Grünkohl-Gratin 131
Roasted Grouse with Chips and Savoy Cabbage 151
Roasted Saddle of Venison with Ceps 118
Roastit Bubble-Jock 99
Rote Bete & Brie auf Blätterteig mit
Orangen-Walnuss-Preiselbeer-Salat 36

Saddle of Lamb with Whisky-Moustard-Sauce 119
Scallops with Black Pudding on Mashed Peas 130
Schoko-Whisky-Creme 152
Schottische Graupensuppe 56
Schottischer Räucherlachs auf Frischkäse und Bannocks 68
Scotch Beetroot with Brie Pastry with an Orange,
Walnut & Cranberry Salad 36
Scotch Broth 56
Scotch or Steak Pie 196
Sea Bass on a Cauliflower duo 78
Seebarsch mit Zweierlei vom Blumenkohl 78
Smoked Salmon with Caboc & Bannocks 68
Spicy Parsnip Soup with Whisky 178
Sülze von Wildkaninchen und Pfifferlingen 140

Tipsy Laird 198
Toffee Whisky Pudding 180

Weihnachtstruthahn 99
West Indies Curry 108
Whisky Blueberry Cake 162
Whisky Fruit Loaf 110
Whisky-Blaubeer-Kuchen 162

Wild Duck Paté with Elderberry Jelly 88
Wild Rabbit Tenderloin in Chanterelle Mushroom Aspic 140
Wild Venison with Raspberry Sauce and Bread Dumpling 141
Wildentenpastete mit Holunderbeerengelee 88
Würzhähnchen, jamaikanisches, mit Rum 109

Zur Begrüßung Champagner mit frischen Austern 98